学ハイレベルワーク

もくじ

特別ふろく

1 巻末ふろく しあげのテスト
2 WEBふろく 自動採点CBT

WEB CBT(Computer Based Testing)の利用方法

コンピュータを使用したテストです。パソコンで下記 WEB サイトへアクセスして，アクセスコードを入力してください。スマートフォンでのご利用はできません。

アクセスコード／Dkbbba89

https://b-cbt.bunri.jp

編集協力：佐々木聡子／イラスト：ユニックス

この本の特長と使い方

この本の構成

知っトク！ ポイント

この本で学習する内容を章ごとにまとめたページです。覚えておくべきことや問題を解くうえで役立つポイントなどが書いてあります。よく読んでから学習を始めましょう。

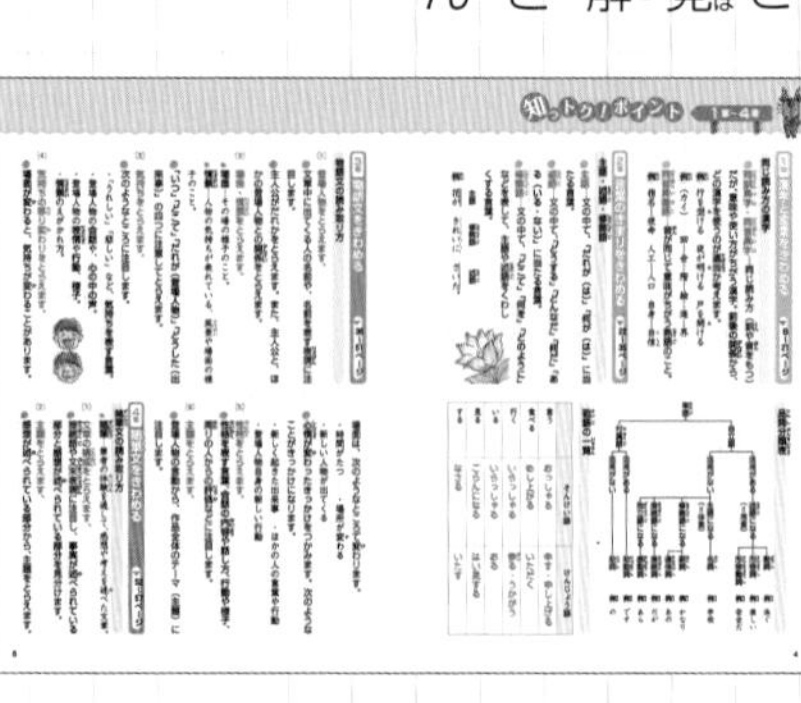

標準レベル

実力を身につけるためのステージです。教科書レベルの学習内容で、土台となる基礎的な力を養います。わからなくなったときは、「知っトク！ ポイント」に戻って確認しましょう。

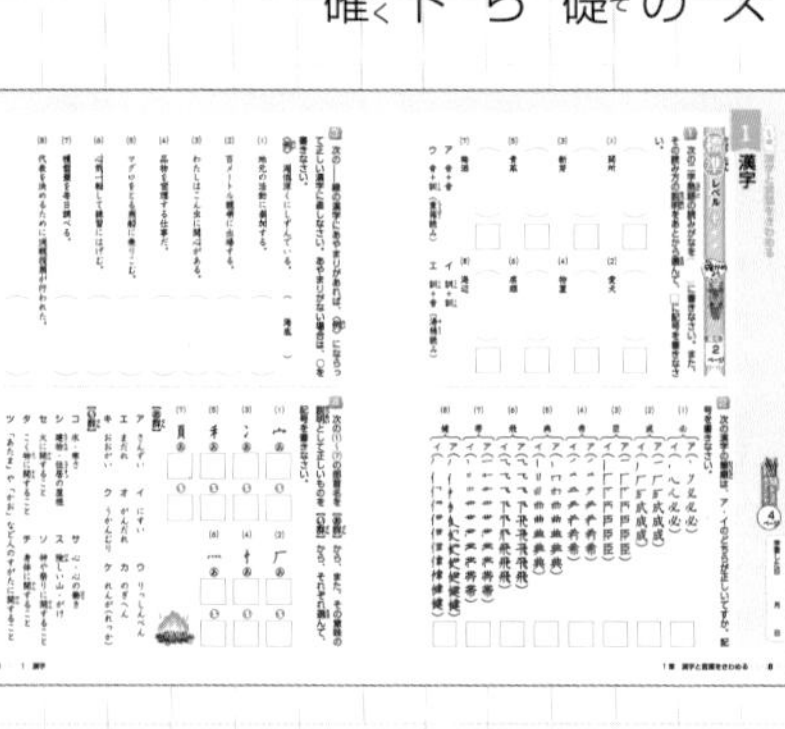

特集回

思考力育成問題

知識だけで答えるのではなく、知識をどのように活用すればよいのかを考えるためのステージです。活用のしかたを積極的に試行錯誤することで、教科書だけでは身につかない力をつけることができます。

！ヒント

標準レベルには問題を解くためのヒントがあります。解き方のポイントや注目すべき点などが書いてありますので、参考にしながら解いてみましょう。

とりはずし式　答えと考え方

ていねいな解説で、解き方や考え方をしっかりと理解することができます。まちがえた問題は、時間をおいてから、もう一度チャレンジしてみましょう。

注意する言葉

読解問題の文章から、覚えておきたい言葉を取り上げています。辞書で意味を調べて、語彙力をみがきましょう。

『トクとトクイになる！小学ハイレベルワーク』は，教科書レベルの問題ではもの足りない，難しい問題にチャレンジしたいという方を対象としたシリーズです。段階別の構成で，無理なく力をのばすことができます。問題にじっくりと取り組むという経験によって，知識や問題を解く力だけでなく，「考える力」「判断する力」「表現する力」の基礎も身につき，今後の学習をスムーズにします。

ハイレベル

少し難度の高い問題を練習して、応用力を養うためのステージです。ハイレベルな問題を解くことで、実力の完成をめざします。

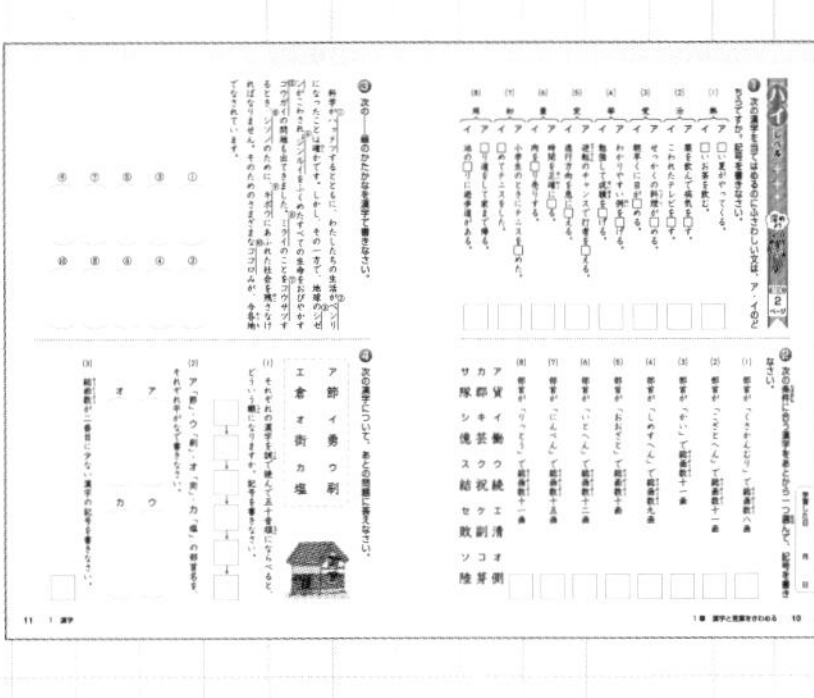

チャレンジテスト

テスト形式で、章ごとの学習内容を確認するステージです。時間をはかって取り組んでみましょう。発展的な問題にも挑戦することで、実践力を養うことができます。

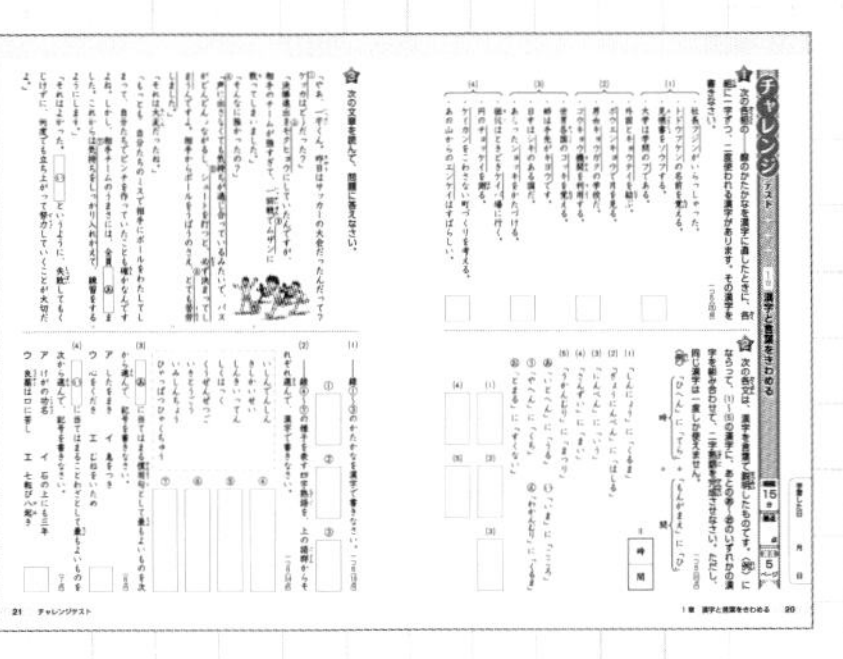

役立つふろくで、レベルアップ！

1 トクとトクイに！ しあげのテスト

この本で学習した内容が確認できる、まとめのテストです。学習内容がどれくらい身についたか、力を試してみましょう。

2 一歩先のテストに挑戦！ 自動採点CBT

コンピュータを使用したテストを体験することができます。専用サイトにアクセスして、テスト問題を解くと、自動採点によって得意なところ（分野）と苦手なところ（分野）がわかる成績表が出ます。

「CBT」とは？

「Computer Based Testing」の略称で、コンピュータを使用した試験方式のことです。受験、採点、結果のすべてがWEB上で行われます。

専用サイトにログイン後、もくじに記載されているアクセスコードを入力してください。

https://b-cbt.bunri.jp

※本サービスは無料ですが，別途各通信会社からの通信料がかかります。
※推奨動作環境：画角サイズ　10インチ以上　横画面
［PCのOS］Windows10以降　［タブレットのOS］iOS14以降
［ブラウザ］Google Chrome（最新版）　Edge（最新版）　safari（最新版）
※お客様の端末およびインターネット環境によりご利用いただけない場合，当社は責任を負いかねます。
※本サービスは事前の予告なく，変更になる場合があります。ご理解，ご了承いただきますよう，お願いいたします。

知っトク！ポイント　1章〜4章

1章 漢字と言葉をきわめる

▼8〜21ページ

同じ読み方の漢字

●**同訓異字・同音異字**…同じ読み方（訓や音をもつ）だが、意味や使い方がちがう漢字。**前後の関係から、どの漢字を使うのが適当か考えます。**

例 行を空ける　夜が明ける　戸を開ける

例（カイ）　回—会—階—絵—海—界

●**同音異義語**…音が同じで意味がちがう熟語のこと。

例 指名—使命　人工—人口　自身—自信

2章 言葉のきまりをきわめる

▼22〜35ページ

主語・述語・修飾語

●**主語**…文の中で、**「だれが（は）」「何が（は）」**に当たる言葉。

●**述語**…文の中で、**「どうする」「どんなだ」「何だ」「ある（いる・ない）」**に当たる言葉。

●**修飾語**…文の中で、**「どこで」「何を」「どのように」**などを表して、主語や述語をくわしくする言葉。

例 花が（主語）　きれいに（修飾語）　さいた。（述語）

品詞分類表

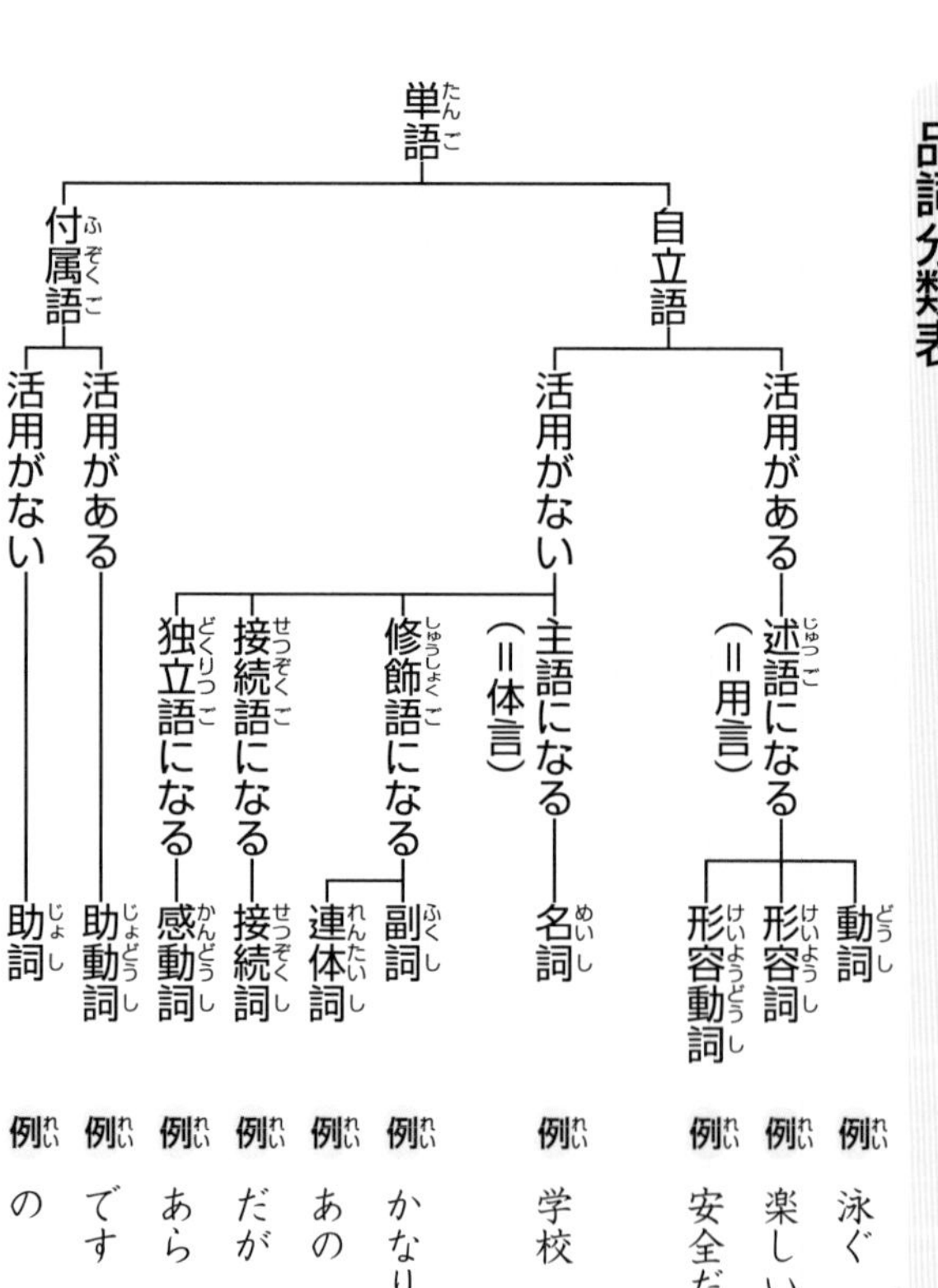

敬語の一覧

	そんけい語	けんじょう語
言う	おっしゃる	申す・申し上げる
食べる	めし上がる	いただく
行く	いらっしゃる	参る・うかがう
いる	いらっしゃる	おる
見る	ごらんになる	はい見する
する	なさる	いたす

3章 物語文をきわめる

▼36～51ページ

物語文の読み取り方

(1) 登場人物をとらえます。

● **文章中に出てくる人の名前**や、**名前を表す表現**に注目します。

● **主人公がだれか**をとらえます。また、主人公と、ほかの登場人物との**関係**をとらえます。

(2) 場面・情景をとらえます。

＊**場面**…その場の様子のこと。
＊**情景**…人物の気持ちが表れている、風景や場面の様子のこと。

● **「いつ」「どこで」「だれが（登場人物）」「どうした（出来事）」**の四つに注意してとらえます。

(3) 気持ちをとらえます。

● 次のようなところに注目します。
・「うれしい」「悲しい」など、**気持ちを表す言葉**。
・登場人物の**会話**や、**心の中の声**。
・登場人物の**表情**や**行動**、**様子**。
・**情景**のえがかれ方。

(4) 気持ちの移り変わりをとらえます。

● **場面が変わる**と、気持ちが変わることがあります。
場面は、次のようなところで変わります。
・時間がたつ　・場所が変わる
・新しい人物が出てくる

● **心情が変わったきっかけ**をつかみます。次のようなことがきっかけになります。
・新しく起きた出来事　・ほかの人の言葉や行動
・登場人物自身の新しい行動

(5) 性格をとらえます。

● **性格を表す言葉、会話の内容や話し方、行動や様子、**周りの人からの評価などに注目します。

(6) 主題をとらえます。

● 登場人物の言動から、作品全体のテーマ（主題）に注目します。

4章 随筆文をきわめる

▼52～57ページ

随筆文の読み取り方

＊**随筆**…筆者の体験を通して、感想や考えを述べた文章。

(1) 文章の構成をとらえます。

● **接続語**や**文末表現**に注目し、**事実が述べられている部分と感想が述べられている部分**を見分けます。

(2) 主題をとらえます。

● **感想が述べられている部分**から、主題をとらえます。

5章 説明文をきわめる

▼58〜73ページ

(1) 話題をとらえます。

● 文章の初めのほうの、**「なぜ〜でしょう。」**や**「〜について見ていきましょう。」**などの文に注目します。

● 「〜について」というまとめ方で言い表せる言葉がないか探します。

● **くり返し出てくる言葉**に注目します。

(2) 要点をとらえます。

＊**要点**…文章や段落の中心的な内容のこと。

● くり返し出てくる言葉や接続語、文末表現などに注目して、**文の役わり**をとらえます。

● 文の役わりをとらえたら、**段落の中心となる文**（くり返し出てくる言葉がふくまれていることが多い）に注目して要点をおさえます。

● 要点は、**「つまり」「だから」などの接続語のあとに書かれることが多い**ので、これらの言葉に注目します。

(3) 段落関係をとらえます。

＊**形式段落**…文の初めを一字下げたところから、改行までのまとまり。

＊**意味段落**…文章を、内容や意味のまとまりに分けたもの。

段落関係のとらえ方

①**話題**を読み取る。

②**形式段落ごとの要点**をとらえる。

③**意味段落**をとらえる。

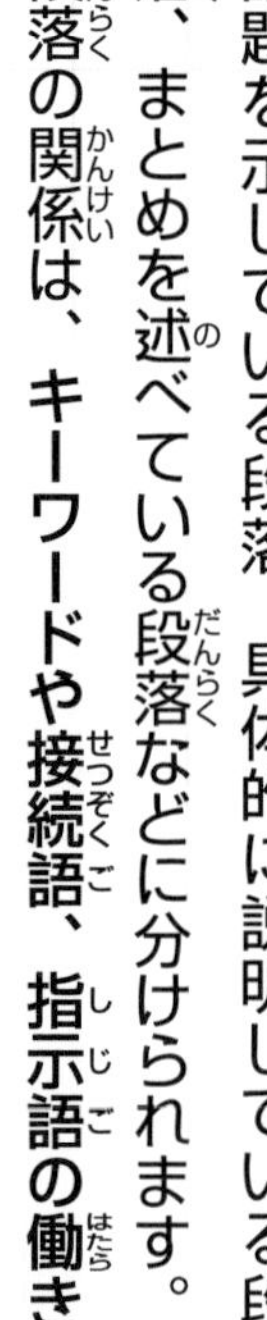

● 話題を示している段落、具体的に説明している段落、まとめを述べている段落などに分けられます。

● 段落の関係は、**キーワードや接続語、指示語の働き**に注目してとらえます。

(4) 文章を要約します。

＊**要約**…段落や文章全体の要点を短くまとめること。

● 具体例や引用、付け加えられた内容などは省き、**中心段落の要点**をまとめます。

(5) 要旨をとらえます。

＊**要旨**…筆者がその文章で最も伝えたい内容や考えのこと。

● **文章の組み立て**をとらえます。多くの文章は、**「話題→説明→結論」**という組み立てになっています。それぞれの段落がどこに当てはまるのかをとらえます。

● **結論にある筆者の意見や主張**をとらえてまとめます。

● 要旨は、話題と結論をまとめて、「○○（話題）は△△である（結論）」という形で表すことができます。

6章 詩をきわめる

▼74～79ページ

詩の表現技法

●比喩…あるものを別のものにたとえる表現。直喩、隠喩、擬人法があります。

・直喩…「ようだ」などを使ってたとえる。

例 ソフトクリームのような雲だ。

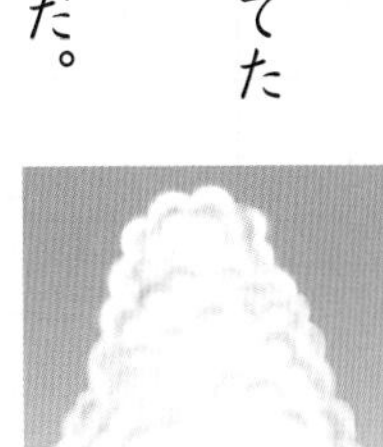

・隠喩…「ようだ」などを使わずにたとえる。

例 地球は命を乗せる船だ。

・擬人法…人ではないものを人に見立てる。

例 山が笑う。

●倒置法…語順を入れかえて、意味を強調します。

例 やめなさい、そんなことは。

●体言止め…行の終わりを体言（名詞）で止めて、よいんを残します。

例 立ち上るひとすじのけむり。

●反復法…同じ言葉をくり返して、印象を強めます。

例 青い青い海が広がる。

●対句法…構成がよく似た、対になる表現をならべて、印象を強めます。

例 風がそよそよとふき　花びらがひらひらとまう。

7章 短歌・俳句をきわめる

▼80～83ページ

短歌の基本

●短歌は、五・七・五・七・七の三十一音からなります。五・七・五を上の句、七・七を下の句といいます。

●短歌の意味や調子の切れ目を句切れ（初句切れ、二句切れ、三句切れ、四句切れ）といい、句切れなしもあります。

俳句の基本

●俳句は、五・七・五の十七音からなります。

●切れ字…感動の中心となる部分を表します。「や」「かな」「けり」などがあります。

●俳句の意味や調子の切れ目を句切れ（初句切れ、二句切れ）といい、句切れなしもあります。

●季語…季節を表すきまった言葉。一つの俳句の中に季語が一つ入るのが基本。

【季語の例】

季節	季語
春	桜・菜の花・つくし・ちょう・雪解け
夏	新緑・ひまわり・ほたる・せみ・うちわ
秋	名月・天の川・もみじ・きく・すすき
冬	雪・落ち葉・しも・こたつ・スケート

1 漢字

標準レベル　確かめよう　答え2ページ

1 次の二字熟語の読みがなを（　）に書きなさい。また、その読み方の説明をあとから選んで、□に記号を書きなさい。

(1) 関所（　　）□

(2) 愛犬（　　）□

(3) 新芽（　　）□

(4) 物置（　　）□

(5) 青菜（　　）□

(6) 席順（　　）□

(7) 梅酒（　　）□

(8) 海辺（　　）□

ア　音＋音　イ　訓＋訓
ウ　音＋訓（重箱読み）　エ　訓＋音（湯桶読み）

2 次の漢字の筆順は、ア・イのどちらが正しいですか。記号を書きなさい。

知っトク！ポイント　4ページ

(1) 必 ア（丶 ソ 义 义 必）　イ（丶 心 心 必 必）□

(2) 成 ア（一 厂 万 成 成 成）　イ（丿 厂 万 成 成 成）□

(3) 臣 ア（一 厂 𠁣 𠕁 臣 臣 臣）　イ（丨 厂 𠁣 𠕁 臣 臣 臣）□

(4) 希 ア（㇒ 㐅 产 𢁑 希 希 希）　イ（㇒ 㐅 产 𢁑 希 希 希）□

(5) 典 ア（丨 冂 巾 曲 曲 典 典 典）　イ（丨 刂 刂 曲 曲 曲 典 典）□

(6) 飛 ア（乁 乁 乁 飞 飞 飛 飛 飛 飛）　イ（乁 乁 乁 飞 飞 飛 飛 飛 飛）□

(7) 帯 ア（一 十 艹 卄 卄 卅 帯 帯 帯 帯）　イ（丨 刂 川 卅 卅 卅 帯 帯 帯 帯）□

(8) 健 ア（丿 亻 亻 仁 伊 伊 健 健 健 健 健）　イ（丿 亻 仁 仁 伊 伊 律 律 健 健 健）□

3 次の――線の漢字にあやまりがあれば、〈例〉にならって正しい漢字に直しなさい。あやまりがない場合は、○を書きなさい。

〈例〉海低深くにしずんでいる。（ 海底 ）

(1) 地元の活動に参加する。（　　）

(2) 百メートル競争に出場する。（　　）

(3) わたしはこん虫に関心がある。（　　）

(4) 品物を官理する仕事だ。（　　）

(5) マグロをとる魚船に乗りこむ。（　　）

(6) 心気一転して練習にはげむ。（　　）

(7) 積雪量を毎日調べる。（　　）

(8) 代表を決めるために決戦投票が行われた。（　　）

4 次の(1)～(7)の部首名を【あ群】から、また、その意味の説明として正しいものを【い群】から、それぞれ選んで、記号を書きなさい。

(1) 宀　あ□　い□

(2) 厂　あ□　い□

(3) 冫　あ□　い□

(4) 忄　あ□　い□

(5) 禾　あ□　い□

(6) 灬　あ□　い□

(7) 頁　あ□　い□

【あ群】

ア さんずい　イ にすい　ウ りっしんべん

エ まだれ　オ がんだれ　カ のぎへん

キ おおがい　ク うかんむり　ケ れんが（れっか）

【い群】

コ 氷・寒さ　サ 心・心の働き

シ 建物・住居の屋根　ス 険しい山・がけ

セ 火に関すること　ソ 神や祭りに関すること

タ こく物に関すること　チ 身体に関すること

ツ 「あたま」や「かお」など人のすがたに関すること

ハイレベル

答え 2ページ

1 次の漢字を当てはめるのにふさわしい文は、ア・イのどちらですか。記号を書きなさい。

(1) 熱
ア □い夏がやってくる。
イ □いお茶を飲む。
□

(2) 治
ア 薬を飲んで病気を□す。
イ こわれたテレビを□す。
□

(3) 覚
ア せっかくの料理(りょうり)が□める。
イ 朝早くに目が□める。
□

(4) 挙
ア わかりやすい例(れい)を□げる。
イ 勉強して成績(せいせき)を□げる。
□

(5) 変
ア 逆転(ぎゃくてん)のチャンスで打者を□える。
イ 進行方向を急に□える。
□

(6) 量
ア 時間を正確(せいかく)に□る。
イ 肉を□り売りする。
□

(7) 初
ア 小学生のときにテニスを□めた。
イ □めてテニスをした。
□

(8) 周
ア □り道をして家まで帰る。
イ 池の□りに遊歩道がある。
□

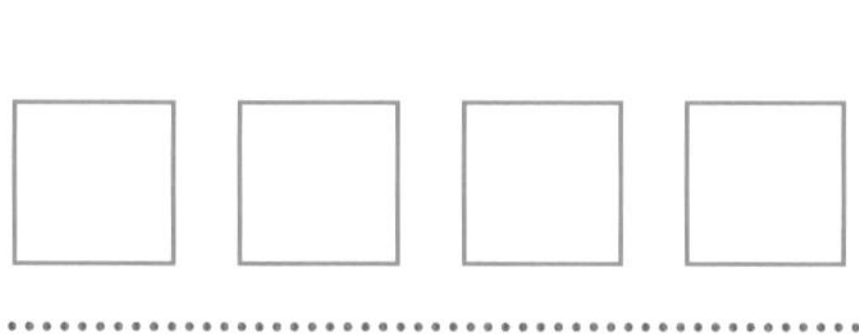
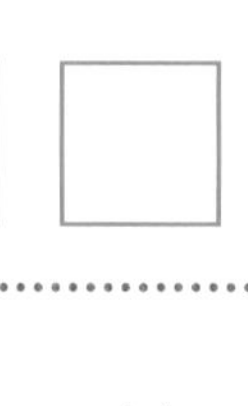
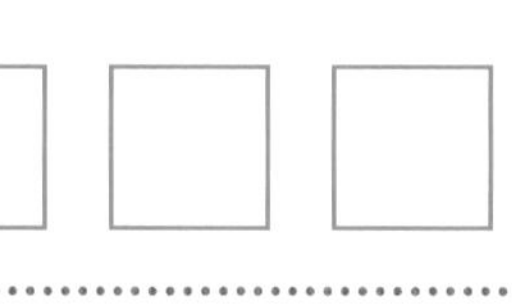
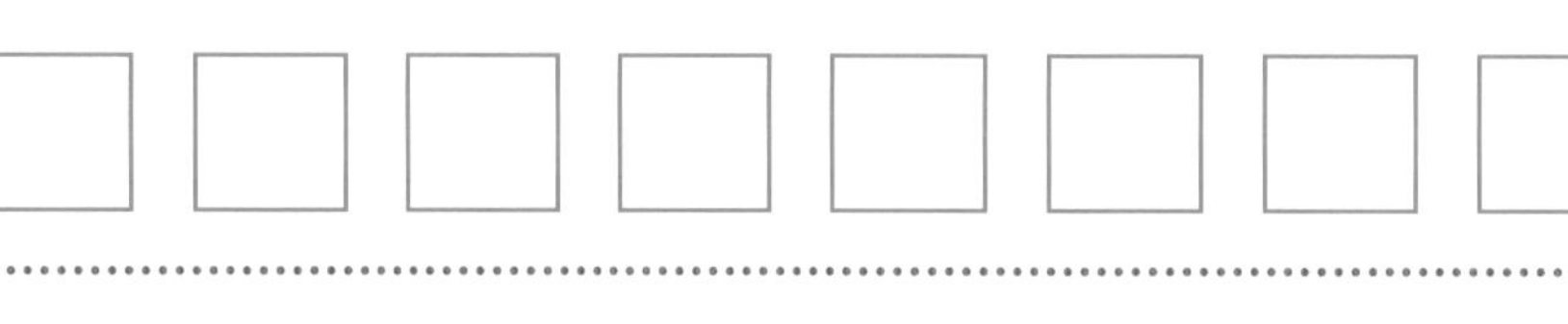
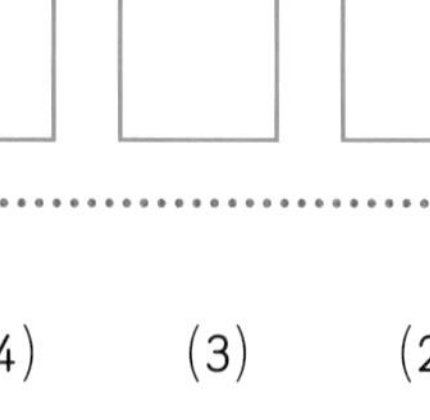
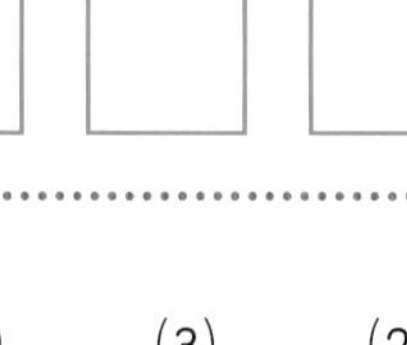
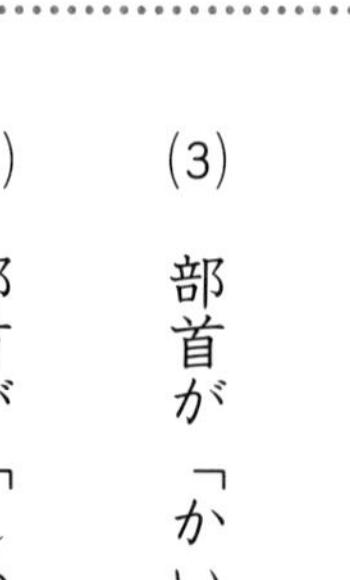
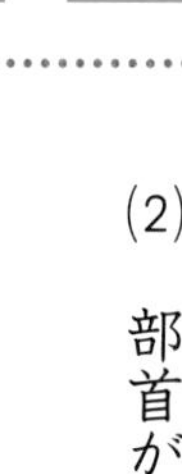

---

2 次の条件(じょうけん)に合う漢字をあとから一つ選(えら)んで、記号を書きなさい。

(1) 部首が「くさかんむり」で総画数(そうかくすう)八画 □

(2) 部首が「こざとへん」で総画数(そうかくすう)十一画 □

(3) 部首が「かい」で総画数(そうかくすう)十一画 □

(4) 部首が「しめすへん」で総画数(そうかくすう)九画 □

(5) 部首が「おおざと」で総画数(そうかくすう)十画 □

(6) 部首が「いとへん」で総画数(そうかくすう)十二画 □

(7) 部首が「にんべん」で総画数(そうかくすう)十五画 □

(8) 部首が「りっとう」で総画数(そうかくすう)十一画 □

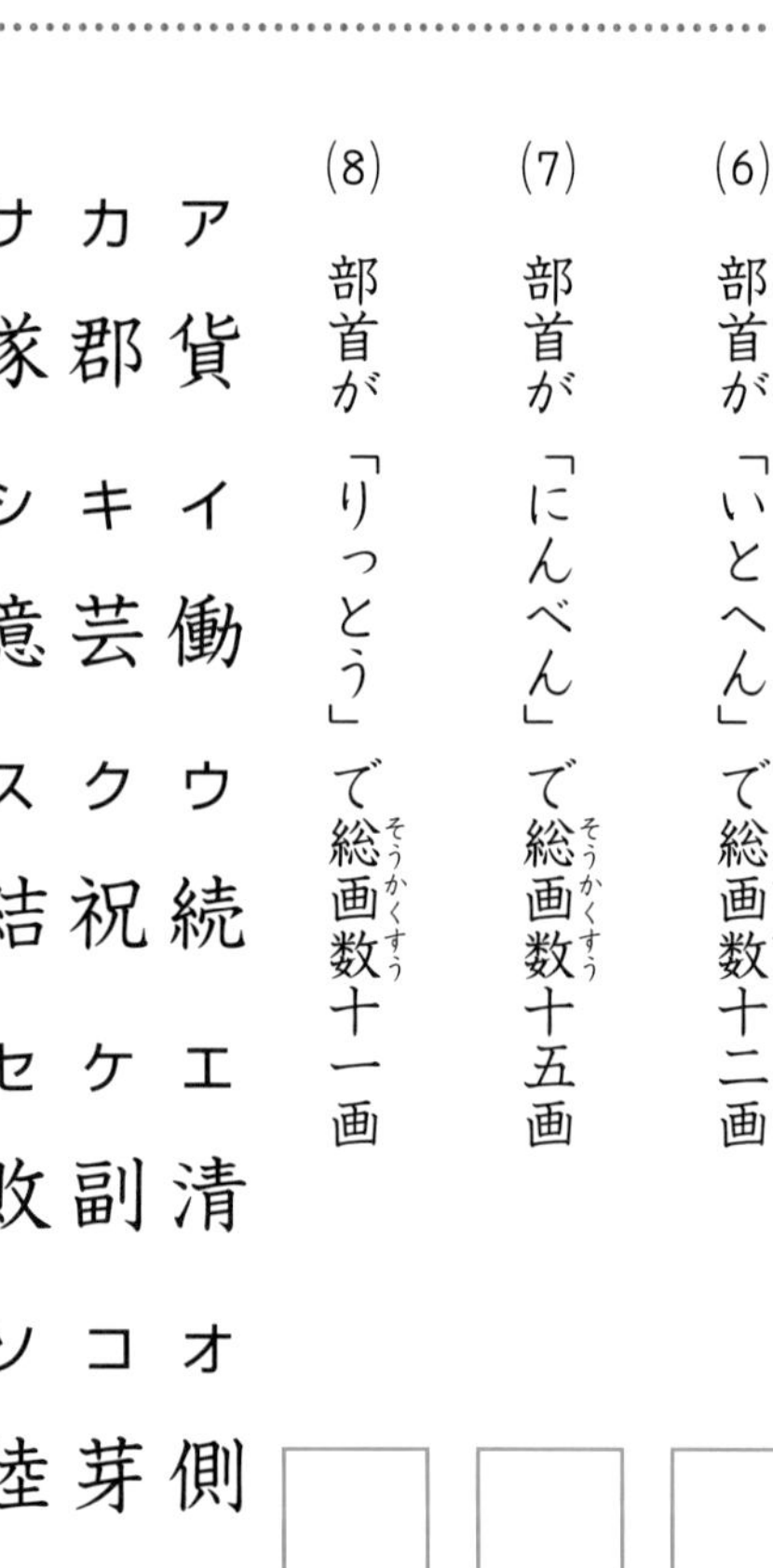

ア 貨　イ 働　ウ 続　エ 清　オ 側
カ 郡　キ 芸　ク 祝　ケ 副　コ 芽
サ 隊　シ 億　ス 結　セ 敗　ソ 陸

❸ 次の――線のかたかなを漢字で書きなさい。

科学が①ハッタツするとともに、わたしたちの生活が②ベンリになったことは確(たし)かです。しかし、その一方で、地球の③シゼンがこわされ、④ジンルイをふくめたすべての生命をおびやかす⑤コウガイの問題も出てきました。⑥ミライのことを⑦コウサツするとき、⑧シソンのために、⑨キボウにあふれた社会を残(のこ)さなければなりません。そのためのさまざまな⑩ココロみが、今各地(かくち)でなされています。

① ( )　② ( )
③ ( )　④ ( )
⑤ ( )　⑥ ( )
⑦ ( )　⑧ ( )
⑨ ( )　⑩ ( )

❹ 次の漢字について、あとの問題に答えなさい。

ア 節　イ 勇　ウ 刷
エ 倉　オ 街　カ 塩

(1) それぞれの漢字を訓(くん)で読んで五十音順(じゅん)にならべると、どういう順(じゅん)になりますか。記号を書きなさい。

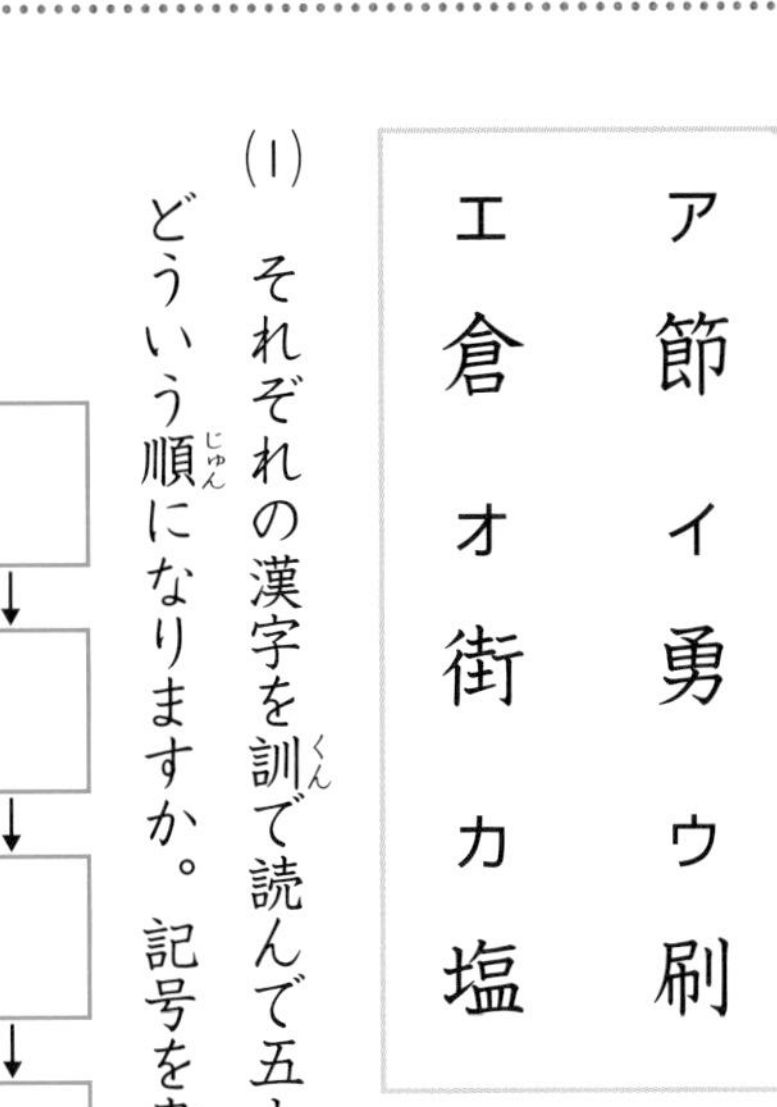

□→□→□→□→□→□

(2) ア「節」・ウ「刷」・オ「街」・カ「塩」の部首名を、それぞれ平がなで書きなさい。

ア ( )　ウ ( )
オ ( )　カ ( )

(3) 総画数(そうかくすう)が二番目に少ない漢字の記号を書きなさい。

□

2 熟語

答え 3ページ

1 次のかたかなに当たる漢字を考え、〈例〉にならって、その漢字が上に来る二字熟語を書きなさい。

〈例〉ツラなる……これは全員の□責任だ。→ 連帯

(1) アラタめる…駅の□口で待ち合わせる。

(2) モトめる……□広告を見て職をさがす。

(3) マイる………ボランティア活動に□する。

(4) ツトめる……問題の解決に□する。

(5) ウシナう……□は成功の母だ。

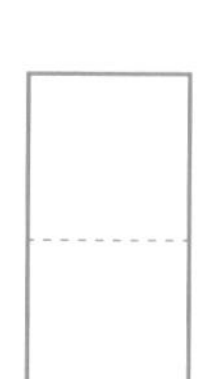
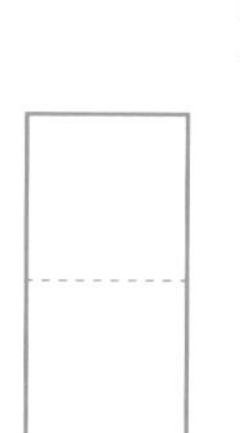
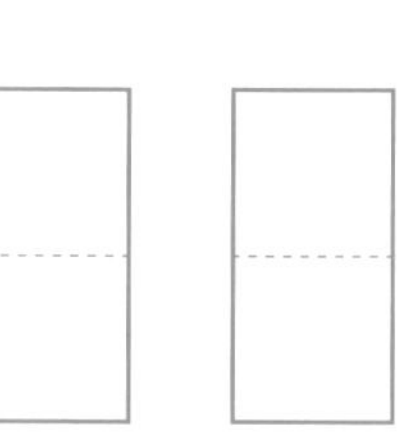

2 次の（　）に、あとの□の中の漢字を書き入れて、類義語（よく似た意味の言葉）と対義語（対になる意味の言葉）を完成させなさい。

知っトク！ポイント 4ページ

学習した日　月　日

〈類義語〉

(1) 希望…（　）望

(2) 意外…（　）外

(3) 去年…（　）年

(4) 完全…無（　）

(5) 方角…方（　）

〈対義語〉

(6) 平和…戦（　）

(7) 消費…生（　）

(8) 起立…着（　）

(9) 満足…（　）満

(10) 病気…健（　）

案	願	欠	康	昨	位	席	産	争	不

3 次の（　）に当てはまる熟語（じゅくご）を、あとの□の中から選（えら）んで、漢字で書きなさい。なお、同じ言葉を二度ずつ使います。

(1) 寒冷（かんれい）な（　）の土地である。

(2) 建築現場（けんちくげんば）で（　）式が行われる。

(3) 大型（おおがた）の建設（けんせつ）（　）を動かす。

(4) お目にかかる（　）がない。

(5) 今年はにしんが（　）だった。

(6) （　）のごみがすてられる。

(7) 自分（　）の目で確（たし）かめる。

(8) 足の速さには（　）がある。

きこう　きかい　じしん　たいりょう

4 次の意味になるように、あとの□の中の漢字を書き入れて、三字熟語（じゅくご）を完成（かんせい）させなさい。

(1) わき目もふらず急いで走る様子。　一□目

(2) とてもかん単（たん）にできる様子。　朝□前

(3) ここぞという大事な場面。　正□場

(4) なぜそうなのか、どうしてもわからないこと。　□思□

(5) あるものを作るとちゅうにできる、別（べつ）なもの。　□□物

(6) 冬の寒さにたえることから、おめでたいとされる植物。物事の格付（かくづ）けにも使われる。　□竹□

念　飯　梅　不　副　議　散　産　松

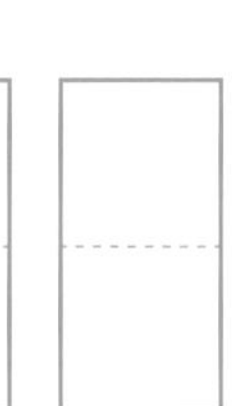
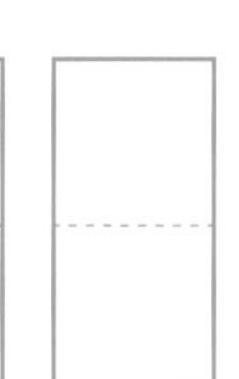
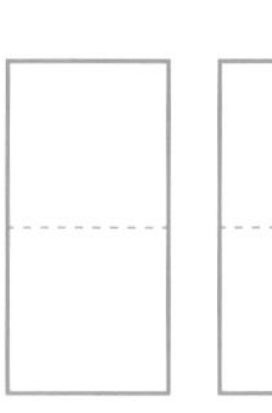
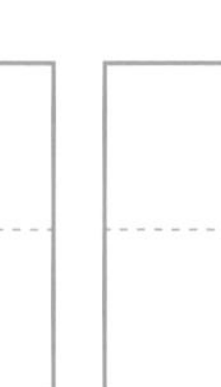
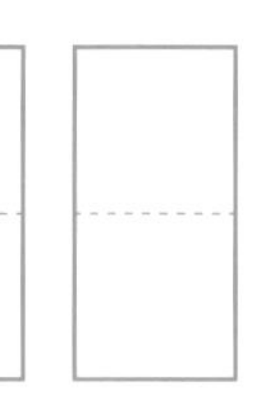
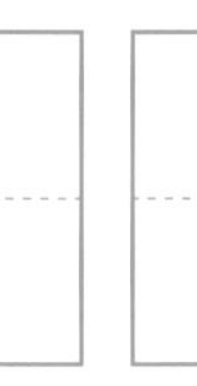

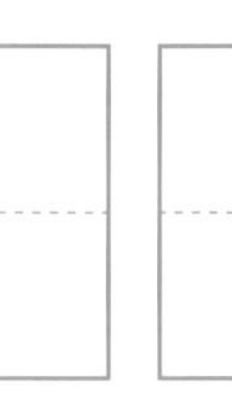

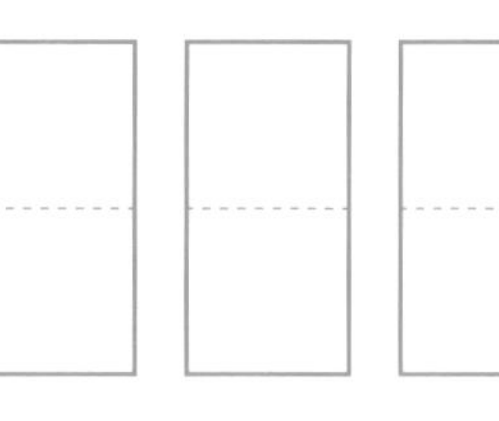
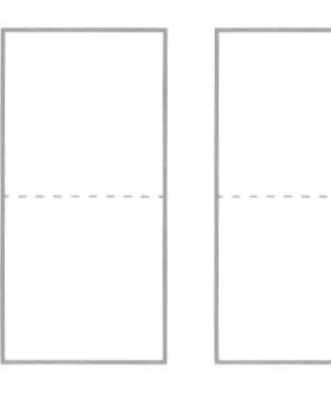
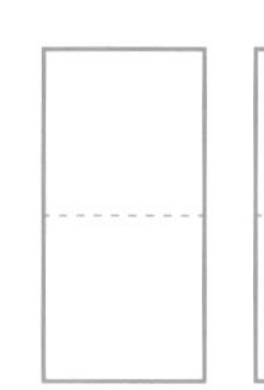

答え 3ページ

1 次の――線のかたかなを漢字で書きなさい。

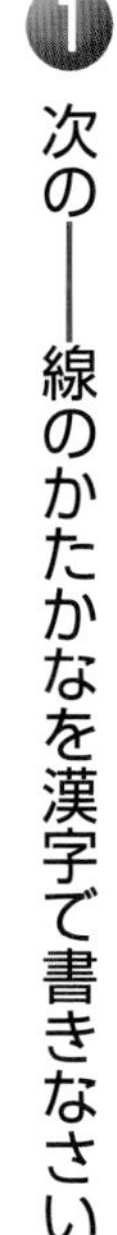

(1) ここがシアンのしどころだ。

(2) きつい言い方だったとハンセイする。

(3) 全員でキョウチョウして仕事をする。

(4) キショウな生物を保護する。

(5) 利益ばかりをツイキュウする。

(6) 国語ジテンで意味を調べる。

(7) 地図を見ながらホウイを確かめる。

(8) ヒッシになって練習する。

(9) 関係者イガイは入室できない。

2 次の(1)～(5)について、あは、――線のかたかなを漢字に直し、いは、（　）に当てはまるあの対義語を書きなさい。

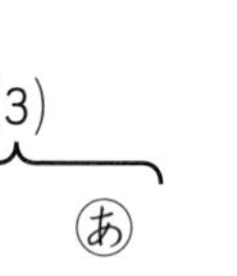
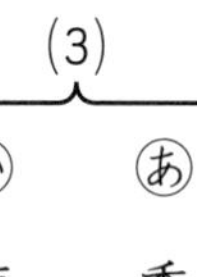

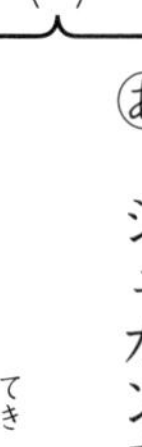
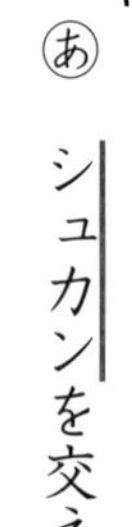

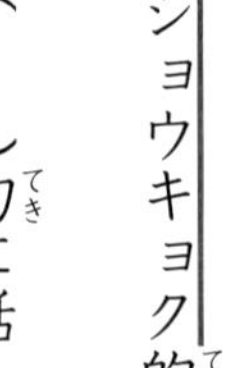
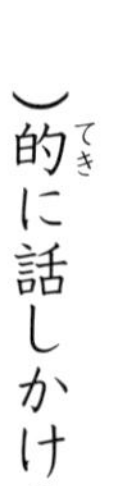

(1)
あ 実験にセイコウする。
い 着地に（　）する。

(2)
あ シュカンを交えずに書く。
い （　）的な意見が聞きたい。

(3)
あ 委員会にシュッセキする。
い 病気で（　）する。

(4)
あ サイテイの出来だった。
い （　）の結果が出た。

(5)
あ ショウキョク的な態度。
い （　）的に話しかける。

3 次の各組の□に共通して当てはまる漢字一字を、それぞれ書きなさい。

(1) □服・白□・□食住

(2) □分・休□・□育

(3) 国□・□間・□族

(4) 実□・試□・体□

(5) □歩・□労・□競走

(6) □象・□刷・矢□

(7) 配□・□食・□料

(8) □画・登□・□音

(9) 目□・□高・□準

(10) 軍□・□員・兵□

4 次の意味の四字熟語を、あとの□の中の漢字を組み合わせて作りなさい。

(1) 日ごと月ごとに、進歩すること。

(2) 前置きや遠回しな言い方をすることなく、いきなり話したい話題に入ること。

(3) 数が多くても、ねだんがとても安いこと。

(4) いつでもどこでもということ。

(5) 名ばかりで内容がともなわないこと。

(6) 物事や話のすじみちがきちんと通っていること。

日	二	三	古	東	入	刀	文	月	然	無	整
名	東	路	有	西	単	直	進	実	歩	理	今

3 ことわざ・慣用句

学習した日　月　日

標準レベル

答え 4ページ

1 次の言葉に意味が最も近い言葉を下から選んで、記号を書きなさい。

(1) 念をおす　ア 調べる　イ 確かめる　ウ うけ合う　エ 続ける

(2) 花を持たせる　ア ゆずる　イ あたえる　ウ 教える　エ たのむ

(3) 気にやむ　ア もたもた　イ くよくよ　ウ うきうき　エ どきどき

(4) むねがおどる　ア わくわく　イ ひやひや　ウ ざわざわ　エ さばさば

(5) はらをすえる　ア 努力　イ 失望　ウ 要求　エ 決心

(6) 足が出る　ア 黒字　イ 赤字　ウ 白旗　エ 青春

(7) 後ろがみを引かれる　ア 未練　イ 不安　ウ 無力　エ 無念

2 次の各文の（　）に当てはまる言葉をあとから選んで、記号を書きなさい。

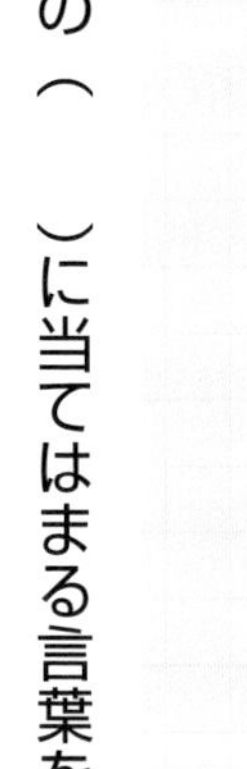

(1) あの人とは（　）が合う。

(2) 約束を破ったのに、（　）がいいことを言う。

(3) （　）の額ほどの庭がある。

(4) （　）のなみだほどの給料しか出ない。

(5) さすがに（　）の甲より年の功だ。

(6) （　）の子のお金を大事にしまっておく。

(7) 能ある（　）はつめをかくすものだ。

ア とら　イ 馬　ウ ねこ
エ 犬　オ 虫　カ すずめ
キ 牛　ク たか　ケ かめ

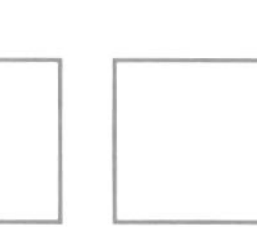
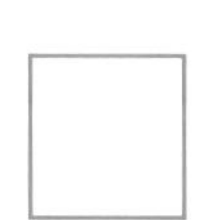

3 次の書き出しに続く適当な言葉をあとから選んで、記号を書きなさい。

(1) 火が消えたように
(2) 水を打ったように
(3) 火がついたように
(4) 根が生えたように
(5) いもをあらうような
(6) 天にものぼるような
(7) 判でおしたような

ア 幸せな気持ち。
イ 泣き出す赤ちゃん。
ウ にぎわいの観光地。
エ 静まる会場。
オ 決まりきった返事。
カ さびれた町なみ。
キ すわり続ける男の人。
ク にげまどう人々。

4 次のことわざの中から、意味が似ているものどうしの組み合わせを、四組作りなさい。

ア 二兎を追う者は一兎をも得ず
イ 泣き面にはち
ウ 弱り目にたたり目
エ ひょうたんからこま
オ あぶはち取らず
カ 石橋をたたいてわたる
キ うそから出たまこと
ク 好きこそ物の上手なれ
ケ さるも木から落ちる
コ かれ木も山のにぎわい
サ 下手の横好き
シ かっぱの川流れ

ハイレベル 深めよう

答え 4ページ

1 次の各組の慣用句を完成させるために、（　）に体の一部を表す漢字一字を入れた場合、一つだけほかとはちがう漢字が入るものがあります。その記号を□に書きなさい。また、選んだ慣用句の（　）に当てはまる漢字を、（　）に書きなさい。

(1)
ア（　）であしらう
イ（　）をはさむ
ウ（　）にかける
エ（　）が高い
□（　）

(2)
ア（　）が広い
イ（　）をつぶす
ウ（　）が売れる
エ（　）を丸くする
□（　）

(3)
ア（　）がぼうになる
イ（　）にあせをにぎる
ウ（　）に余る
エ（　）をぬく
□（　）

2 次の各文の中で、——線の慣用句の使い方が正しいものには○を、正しくないものには×を書きなさい。

学習した日　月　日

(1) プロのアナウンサーの話し方は立て板に水だ。□
(2) かれが急に仕事をやめたなんて、寝耳に水だ。□
(3) 仕事がいそがしくて、油を売ってばかりだ。□
(4) 余計なことを言って、火に油を注いでしまった。□
(5) あまりのうれしさに、思わず目を三角にする。□
(6) 見事な風景に、思わず目をうばわれた。□
(7) かれは長年空手をやっていて、空手ではくちばしが黄色い人だ。□
(8) 観客席から、女性の黄色い声が上がった。□
(9) 休みの日には、父は取りつく島もないくらい、楽しそうにおしゃべりしている。□

3 次の各組の[あ]・[い]に当てはまる二つの漢字を組み合わせると、別の漢字ができます。〈例〉にならって、その漢字を書きなさい。

〈例〉
[あ]八丁手八丁 → 口
[い]前のこぞう習わぬ経を読む → 門
答え：問

(1)
[あ]の上にも三年
あとは野となれ[い]となれ

(2)
九死に一[あ]を得る
人のうわさも七十五[い]

(3)
朱に[あ]われば赤くなる
[い]を見て森を見ず

(4)
悪事千[あ]を走る
火のない所にけむりは[い]たぬ

(5)
えんの下の[あ]持ち
[い]はわざわいの門

(6)
[あ]わぬが花
一を聞いて[い]を知る

(7)
秋の[あ]はつるべ落とし
医[い]の不養生

(8)
[あ]年老いやすく学成りがたし
[い]の上のこぶ

4 次の各文が〔　〕内の意味になるように、気象や天気に関係する言葉を、（　）に書き入れなさい。平がなで書いてもかまいません。

(1) （　　）がふろうがやりがふろうが行く。
…〔どんなことがあっても行く。〕

(2) ミスをしたせいで、（　　）当たりが強い。
…〔ミスをしたせいで、周囲からひはんを受ける。〕

(3) 話し合いの（　　）行きがあやしくなる。
…〔話し合いが、もめごとの起こりそうな様子になる。〕

(4) ひと時の平和は、（　　）の前の静けさだった。
…〔ひと時の平和は、事件の起こる前の不気味な静けさだった。〕

(5) かれは、今年のリーグ戦の（　　）の目だ。
…〔かれは、今年のリーグ戦で中心となる人だ。〕

(6) 父も頭に（　　）を置くようになった。
…〔父もしらがが目立つようになった。〕

学習した日　月　日

チャレンジテスト　1章　漢字と言葉をきわめる

時間 15分　得点　点　答え 5ページ

1 次の各組の――線のかたかなを漢字に直したときに、各組に一字ずつ、二度使われる漢字があります。その漢字を書きなさい。　一つ5〔20点〕

(1)
・社長フジンがいらっしゃった。
・トドウフケンの名前を覚える。
・見積書をソウフする。
・大学は学問のフである。

(2)
・外国とキョウテイを結ぶ。
・ボウエンキョウで月を見る。
・男女キョウガクの学校だ。
・コウキョウ機関を利用する。

(3)
・世界各国のコッキを覚える。
・姉は手先がキヨウです。
・日本はシキのある国だ。
・あらったショッキをかたづける。

(4)
・祖父はときどきケイバ場に行く。
・円のチョッケイを測る。
・ケイカンをこわさない町づくりを考える。
・あの山からのエンケイはすばらしい。

2 次の各文は、漢字を言葉で説明したものです。〈例〉にならって、(1)～(5)の漢字に、あとのあ～おのいずれかの漢字を組み合わせて、二字熟語を完成させなさい。ただし、同じ漢字は一度しか使えません。　一つ5〔25点〕

〈例〉「ひへん」に「てら」＝時　＋　「もんがまえ」に「ひ」＝間　＝　時間

(1) 「しんにょう」に「くるま」
(2) 「ぎょうにんべん」に「はしる」
(3) 「にんべん」に「いう」
(4) 「さんずい」に「まい」
(5) 「うかんむり」に「まつり」

あ 「いとへん」に「うる」
い 「いま」に「こころ」
う 「やへん」に「くち」
え 「わかんむり」に「くるま」
お 「とまる」に「すくない」

3 次の文章を読んで、問題に答えなさい。

「やあ、一平くん。昨日はサッカーの大会だったんだって？①ケッカはどうだった？」

「決勝進出を②モクヒョウにしていたんですが、相手のチームが強すぎて、一回戦で③ムザンに散ってしまいました。」

「そんなに強かったの？」

④「声に出さなくても気持ちが通じ合っているみたいで、パスがどんどんつながるし、⑤シュートを打つと、必ず決まってしまうんですよ。相手からボールをうばうのさえ、⑥とても苦労しました。」

「それは大変だったね。」

「もっとも、自分たちのミスで相手にボールをわたしてしまって、自分たちでピンチを作っていたことも確かなんですよね。しかし、相手チームのうまさには、全員［あ］ました。これからは⑦気持ちをしっかり入れかえて、練習をするようにします。」

「それはよかった。［い］というように、失敗してもくじけずに、何度でも立ち上がって努力していくことが大切だよ。」

(1) ――線①～③のかたかなを漢字で書きなさい。一つ6〔18点〕

① ② ③

(2) ――線④～⑦の様子を表す四字熟語を、上の語群からそれぞれ選んで、漢字で書きなさい。一つ6〔24点〕

いしんでんしん
きしかいせい
しんきいってん
しくはっく
くうぜんぜつご
いきとうごう
いみしんちょう
ひゃっぱつひゃくちゅう

④ ⑤ ⑥ ⑦

(3) ［あ］に当てはまる慣用句として最もよいものを次から選んで、記号を書きなさい。〔6点〕

ア したをまき　イ 息をつき
ウ 心をくだき　エ むねをいため

(4) ［い］に当てはまることわざとして最もよいものを次から選んで、記号を書きなさい。〔7点〕

ア けがの功名　イ 石の上にも三年
ウ 良薬は口に苦し　エ 七転び八起き

4 文の組み立て

標準レベル 確かめよう

答え 6ページ

1 次の各文を読んで、問題に答えなさい。

あ 日本では 野球の 人気が あまりにも 高くて、サッカーの 人気は それほどでも なかった。
い そこで サッカー関係者は Jリーグを 発足させることで、人気を 高めようと 考えた。
う わたしは だれも いない 教室で、ひとり リコーダーを 練習した。
え わたしは、音楽の 授業で リコーダーを うまく ふけない ことが くやしかったのだ。

(1) あ・いの――線の言葉に対応する主語を、それぞれ書きぬきなさい。

あ（　　　　）　い（　　　　）

(2) う・えの――線の言葉に対応する述語を、それぞれ書きぬきなさい。

う（　　　　）　え（　　　　）

2 次の文の――線の文節がくわしくしている言葉を、それぞれあとから選んで、記号を書きなさい。

(1) おじいさんが 住んで いた ころは、まだ、この辺りにも 畑が たくさん ありました。

ア 辺りにも　イ 畑が　ウ たくさん　エ ありました　□

(2) 最近、わか者だけでは なく、大人も 電車の 中でスマホを 見て いる ことが 多い。

ア 大人も　イ スマホを　ウ ことが　エ 多い　□

(3) わたしは、はっきりと、自分の 名前を よばれたと気づいたので、あわてて 席を 立ちました。

ア よばれたと　イ 気づいたので　ウ 席を　エ 立ちました　□

(4) どうやら 夏も 終わりを 告げたらしく、今ではセミの 鳴き声も すっかり 聞こえない。

ア 終わりを　イ 告げたらしく　ウ すっかり　エ 聞こえない　□

知っトク！ポイント 4ページ

学習した日　月　日

3 次の各文は、あとの主語・述語の関係のどれに当たりますか。それぞれ記号を書きなさい。

(1) この　バスは　次の　バス停を　通過します。

(2) 妹は　いつ　見ても　かわいい。

(3) かれは　リレーの　選手です。

(4) ボールが　ころころと　転がった。

(5) 昼までに　雨は　やむだろう。

(6) 買いたい　ものが　店に　なかった。

(7) あの　人は　おしゃれで　さわやかだ。

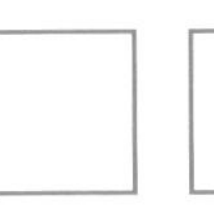
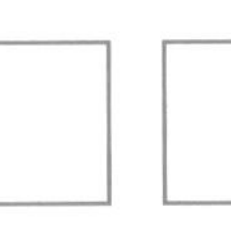

ア　何（だれ）が（は）－どうする。
イ　何（だれ）が（は）－どんなだ。
ウ　何（だれ）が（は）－何だ。
エ　何（だれ）が（は）－ある（いる・ない）。

4 〈例〉にならって文節に分けたとき、その分け方として正しいものを、各組の中から選んで、記号を書きなさい。

〈例〉ぼくは／昨日／遊園地に／行った。

(1)
ア　どうやら／今夜／は／雪／に／なり／そうだ。
イ　どうやら／今夜は／雪に／なり／そうだ。
ウ　どうやら今夜は／雪に／なりそうだ。
エ　どうやら／今夜は／雪に／なりそうだ。

(2)
ア　兄だけで／なく／ぼくも／サッカーが／好きだ。
イ　兄だけでなく／ぼくも／サッカーが／好きだ。
ウ　兄だけ／でなく／ぼくも／サッカーが好きだ。
エ　兄だけでなく／ぼくもサッカーが／好き／だ。

(3)
ア　日本／列島は／南北に／長い形を／している。
イ　日本／列島は／南北に／長い／形を／して／いる。
ウ　日本列島は／南北に／長い／形を／している。
エ　日本列島は／南北に／長い／形を／して／いる。

ハイレベル ✦✦✦ 深めよう

答え 6ページ

1 次の――線①・②と文の中での働きが同じものを、あとのア～タから全て選んで、記号を書きなさい。

・家の　前で　①子犬が　②いきなり　ほえ出した。
・ぼくは　ア夏休みに　イ海へ　ウ行きました。
・近くの　公園の　イチョウの　エ木が、オ今年も　あざやかに　カ色づいた。
・キわたしは　山の　上から、すみきった　青い　空を　クいつまでも　見続けた。
・兄と　いっしょに、ケ弟も　地元の　野球の　コチームに入った。
・サとても　シ美しいなあ、雨上がりの　草原の　上に　かかる　あの　スにじは。
・ぼくよりも　セ君こそ　クラスの　ソ代表と　なるのに　タふさわしいよ。

①

②

2 次の文と主語・述語の関係が同じものをあとから選んで、記号を書きなさい。

(1) この　料理は　すごく　からいよ。
(2) 屋根に　雪が　だいぶ　積もった。
(3) おかしを　もらって　姉は　うれしそうだ。
(4) 一日の　勉強時間は　だいたい　三十分です。
(5) 頭上には　無数の　かがやく　星が　あった。
(6) かぜが　治って、弟は　すごく　元気だ。
(7) あの　建物は　最近　できた　市民ホールだ。

ア　アジサイの　花が　きれいに　さいた。
イ　高原の　空気は　とても　すがすがしい。
ウ　九時から　五時が　あの　店の　営業時間だ。
エ　茶色い　犬が　一ぴき　庭に　いる。

学習した日　月　日

3 次の——線の文節の働きをあとから選んで、記号を書きなさい。

①ああ、あれこそわたしがさがしていた桜の木なのかもしれない。

数年ぶりにおとずれた公園にある、②ひときわ大きな桜の木に、③わたしは見当をつけた。④しかし、わたしには確信があったわけでは⑤なかった。本当にその木なのかという⑥不安もあった。⑦そこで、わたしは木の幹の根元近くをていねいに⑧調べた。⑨タイムカプセル、それが確かにこの木の根元にうめられているのならば、目印として⑩きざみつけた、わたしと友人の名前が残っているはずだ。

ア 主語　イ 述語　ウ 修飾語
エ 接続語　オ 独立語

① □　② □　③ □　④ □
⑤ □　⑥ □　⑦ □　⑧ □
⑨ □　⑩ □

4 次の文の——線の文節と文節の関係をあとから選んで、記号を書きなさい。

(1) 昨日　読んだ　本は　とても　おもしろかった。
① □　② □

(2) 小さな　子どもたちが　おにごっこを　して　いた。
① □　② □

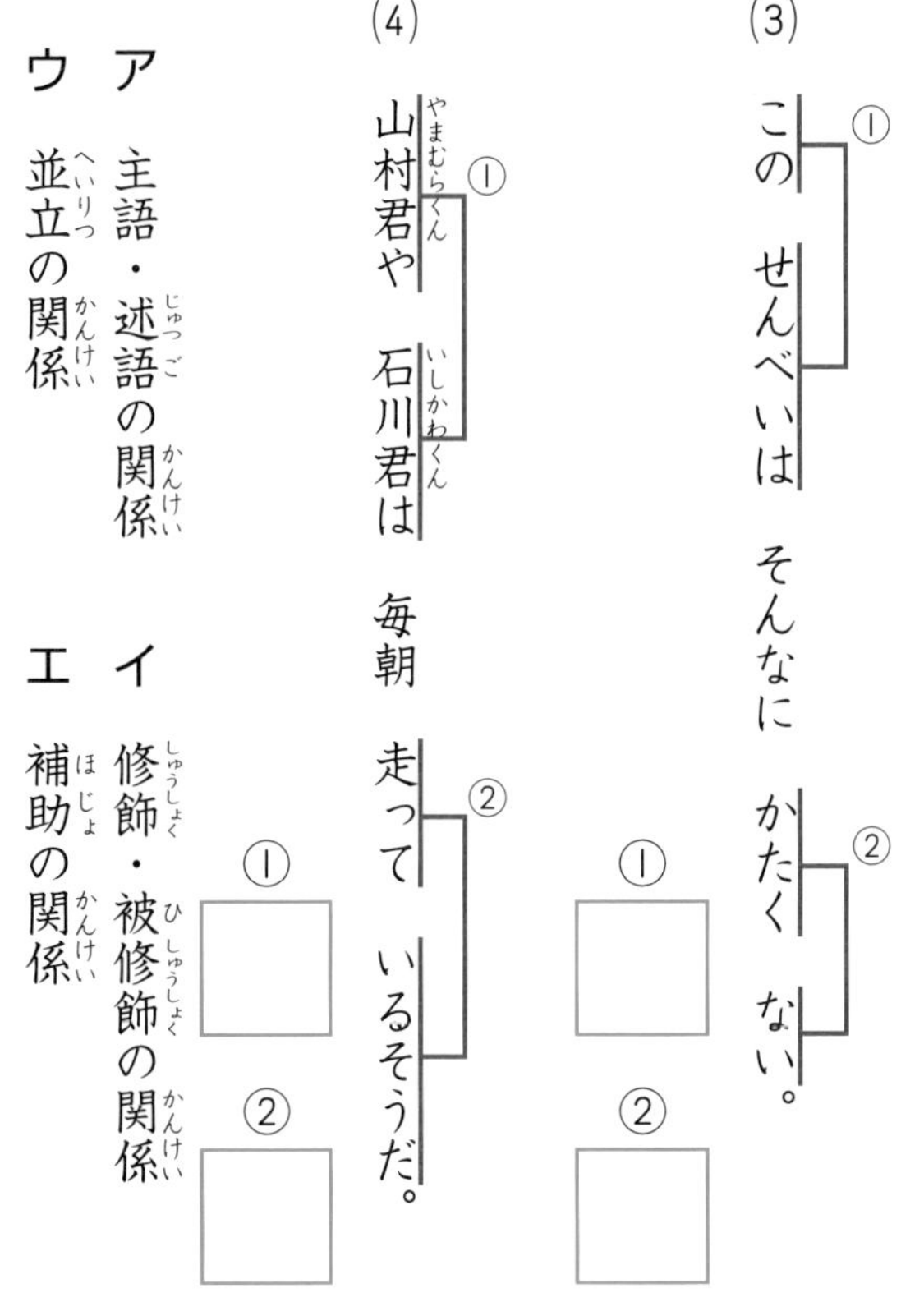

(3) この　せんべいは　そんなに　かたく　ない。
① □　② □

(4) 山村君や　石川君は　毎朝　走って　いるそうだ。
① □　② □

ア 主語・述語の関係　イ 修飾・被修飾の関係
ウ 並立の関係　エ 補助の関係

5 単語の分類

標準レベル

確かめよう

答え 7ページ

1 〈例〉にならって単語に分けたとき、その分け方として正しいものを、各組の中から選んで、記号を書きなさい。

〈例〉 兄／は／朝／から／ハンバーグ／を／食べ／た。

(1)
ア ぼくも／バレーボールが／好きだ。
イ ぼく／も／バレー／ボールが／好きだ。
ウ ぼく／も／バレーボール／が／好きだ。
エ ぼく／も／バレーボール／が／好き／だ。

□

(2)
ア 今夜は／雪に／なりそうだ。
イ 今夜／は／雪／に／なり／そうだ。
ウ 今夜／は／雪／に／なりそうだ。
エ 今／夜／は／雪／に／なり／そうだ。

□

(3)
ア 近く／の／公園／に／ふん水／が／でき／た。
イ 近くの／公園／に／ふん水／が／できた。
ウ 近く／の／公園／に／ふん／水／が／でき／た。
エ 近くの／公園に／ふん水が／できた。

□

知っトク！ポイント 4ページ

学習した日 月 日

2 単語を形と働きによって分類したものを、品詞といいます。例も参考にして、次の表の(1)～(5)に当てはまる品詞名をあとから選んで、記号を書きなさい。

〈品詞分類表〉

- 単語
  - 自立語
    - 活用がある―述語になる＝用言
      - (1) 例 泳ぐ …言い切りの形が、ウ段の音で終わる。
      - (2) 例 楽しい …言い切りの形が、「い」で終わる。
      - 形容動詞 例 安全だ …言い切りの形が、「だ」で終わる。
    - 活用がない
      - 主語になる＝体言
        - (3) 例 学校 …ものの名前やことがらを表す。
      - 修飾語になる
        - (4) 例 もっと …主として用言をくわしくする。
        - 連体詞 例 あの …体言をくわしくする。
      - 接続語になる
        - (5) 例 だから …文と文・文節と文節などをつなぐ。
      - 独立語になる
        - 感動詞 例 あら …感動・よびかけ・あいさつなどを表す。
  - 付属語
    - 活用がある
      - 助動詞 例 らしい …用言・体言などに意味をそえる。
    - 活用がない
      - 助詞 例 の …語と語の関係を示したり、細かい意味をそえたりする。

ア 副詞　イ 名詞　ウ 動詞　エ 接続詞　オ 形容詞

(1) □
(2) □
(3) □
(4) □
(5) □

3 次の――線の単語の品詞名を下から選んで、――で結びなさい。

(1) 夏の太陽がまぶしい。　・　・ア 動詞
(2) 山へスキーに行く。　・　・イ 形容詞
(3) タンポポがさいている。　・　・ウ 形容動詞
(4) あれ、さいふがない。　・　・エ 名詞
(5) 星がきらきらと光る。　・　・オ 副詞
(6) 夏休みは海に行こう。　・　・カ 連体詞
(7) 先生が家に来られる。　・　・キ 接続詞
(8) 大きな荷物をせおう。　・　・ク 感動詞
(9) では、話し合おう。　・　・ケ 助動詞
(10) あの人はいつも元気だ。　・　・コ 助詞

4 名詞には、次のような種類があります。□の中の言葉は、それぞれどの種類の名詞ですか。〈例〉にならって、分類して書きなさい。

(1) 普通名詞　〈例〉チューリップ・船
(　　　　)
(2) 固有名詞　〈例〉東京・徳川家康
(　　　　)
(3) 数詞　〈例〉二回・九番目
(　　　　)
(4) 代名詞　〈例〉かれ・こちら
(　　　　)

七月	わたし	動物	京都
読書	平家物語	一億円	二人
大人	フランス	あっち	八位
日本	ロケット	第四章	それ
どこ	富士山	君たち	悪意

ハイレベル

深めよう

答え 7ページ

1 〈例〉にならって、次の——線の用言（動詞・形容詞・形容動詞）を、言い切りの形に直して書きなさい。

〈例〉テレビを見ても、楽しくなかった。→見る・楽しい

(1) 無理やり①勉強させるのは、②まちがっている。
①（　　）②（　　）

(2) かれが①来ない理由を、だれか②教えてください。
①（　　）②（　　）

(3) 図書館から①借りてきた本を、②早く読みたい。
①（　　）②（　　）

(4) 姉は、①新しく買った洋服を②着て出かけた。
①（　　）②（　　）

(5) 山からふく①さわやかな風が、②心地よかった。
①（　　）②（　　）

2 次の名詞は、二つの単語が結びついて一つの単語となったものです。それぞれどんな品詞の単語が結びついてできたものですか。あとから選んで、記号を書きなさい。

(1) 消しゴム［　］
(2) 心細い［　］
(3) 雨上がり［　］
(4) 長生き［　］
(5) 遠浅［　］
(6) 石頭［　］
(7) 持ち帰り［　］
(8) 青空［　］

ア 名詞＋名詞
イ 名詞＋動詞
ウ 名詞＋形容詞
エ 動詞＋名詞
オ 形容詞＋名詞
カ 動詞＋動詞
キ 形容詞＋形容詞
ク 形容詞＋動詞

学習した日　月　日

3 次の各組の中から、正しい言い方になっているものを選んで、記号を書きなさい。

(1)
ア 九十点では、ぼくは全然満足しよう。
イ 九十点では、ぼくは全然満足できない。
ウ 九十点では、ぼくは全然満足そうだ。
エ 九十点では、ぼくは全然満足だろうか。

□

(2)
ア まさかあの人は参加する。
イ まさかあの人は参加するかどうかわからない。
ウ まさかあの人は参加しないだろう。
エ まさかあの人は参加すべきである。

□

(3)
ア もし雨がふったならば、中止にしよう。
イ もし雨がふるかもしれないので、中止にしよう。
ウ もし雨がふるだろうから、中止にしよう。
エ もし雨がふるのか、ぼくにはわからない。

□

(4)
ア あたかも風のごとく走り去った。
イ あたかも強い風がふくなら、すずしいだろう。
ウ あたかも風がふかないので暑い。
エ あたかも強い風がふくらしい。

□

4 次の各組の中から、ほかの四つとは種類や性質がちがう単語を一つ選んで、記号を書きなさい。

(1)
ア 夕日　イ 動物園
ウ 草原　エ 太平洋
オ 犬

□

(2)
ア どれ　イ ここ
ウ その　エ あっち
オ どちら

□

(3)
ア 笑い　イ 白い
ウ 赤い　エ やさしい
オ 楽しい

□

(4)
ア 生きる　イ 拾う
ウ 遊び　エ 放す
オ 明ける

□

(5)
ア 静かだ　イ おだやかだ
ウ 豊かだ　エ はなはだ
オ 好きだ

□

(6)
ア あらゆる　イ 大きな
ウ 小さい　エ いろんな
オ たいした

□

6 敬語(けいご)

標準レベル

答え 8ページ

1 敬語(けいご)には、次のような種類(しゅるい)があります。あとの――線で使われている敬語(けいご)は、ア～ウのどれに当たりますか。それぞれ記号を書きなさい。

ア そんけい語＝話し相手や話題とする人の動作などをうやまって言う敬語(けいご)。

イ けんじょう語＝相手に対して話し手がへりくだることで、相手をうやまう敬語(けいご)。

ウ ていねい語＝ていねいに言い表したり、言葉をやわらげたりするときに使う敬語(けいご)。

(1) わたしが校長の山本(やまもと)です。

(2) 校長先生がお話しになる。

(3) わたしがご案内(あんない)します。

(4) 先生がわが家に来られる。

2 次の表の(1)～(10)に当てはまる敬語(けいご)を、それぞれあとから選(えら)んで、記号を書きなさい。

	ていねい語	そんけい語	けんじょう語
行く	行きます	(1)	参(まい)る
来る	(2)	いらっしゃる	(3)
見る	見ます	(4)	(5)
食べる	食べます	(6)	(7)
言う	言います	おっしゃる	(8)
する	(9)	(10)	いたす

ア 申す　**イ** なさる　**ウ** 参(まい)る　**エ** いただく
オ します　**カ** めし上がる　**キ** いらっしゃる　**コ** ごらんになる
ク 来ます　**ケ** はい見する

(1)　(2)　(3)　(4)　(5)
(6)　(7)　(8)　(9)　(10)

知っトク!ポイント 4ページ

学習した日　月　日

3 次の――線の言葉を、〔 〕内の字数の平がなで、敬語に直して書きなさい。

(1) 漢字の成り立ちの話を先生から聞く。〔四字〕

(2) 改札口に先生がいる。〔六字〕

(3) 教頭先生から本をもらう。〔四字〕

(4) 先生が、おいしそうにお茶を飲む。〔五字〕

(5) 会場へのご案内は、わたしがします。〔三字〕

(6) 美しい風景画を先生がくれる。〔四字〕

4 次の各文には、敬語の使い方が正しくないところがあります。その部分を書きぬき、正しく書き直しなさい。

(1) どうぞご飯をいただいてください。

（　　）→（　　）

(2) ご不明な点があれば、何でもお聞きしてください。

（　　）→（　　）

(3) 今度は父や母も連れて、いらっしゃいます。

（　　）→（　　）

(4) 係がおよびになるまで、しばらくお待ちください。

（　　）→（　　）

(5) 明日の説明会には、お父さんが出席いたします。

（　　）→（　　）

(6) わたしは、先生へお礼の手紙を送られた。

（　　）→（　　）

ハイレベル 深めよう

答え8ページ

学習した日　月　日

1 次の各組について、それぞれ㋐の関係にならって、㋑の（　）に当てはまる言葉を書きなさい。

(1) ㋐ 行く――参る
㋑ 言う――（　　）

(2) ㋐ 来る――いらっしゃる
㋑ だれ――（　　）

(3) ㋐ 見る――はい見する
㋑ 見せる――（　　）

(4) ㋐ する――なさる
㋑ 着る――（　　）

(5) ㋐ 聞く――うけたまわる
㋑ あたえる――（　　）

2 次の――線の言葉を、「お（ご）〜する」、「お（ご）〜になる」という表現を使って、適当な敬語に書き直しなさい。

(1) 先生が本を読む。（　　）

(2) 自分の考えを先生に伝える。（　　）

(3) お客様が帰るそうです。（　　）

(4) 先生の席を用意する。（　　）

(5) 本間さんがお茶を飲む。（　　）

(6) 先生にペンを返した。（　　）

(7) 入場券を持っていますか。（　　）

(8) その件はわたしが話します。（　　）

3 次の場合の言葉の使い方として最もよいものをア〜ウから選んで、記号を書きなさい。

(1)〈児童が先生に〉

いつも何時ごろ
- ア　休みますか。
- イ　お休みになりますか。
- ウ　お休みいたしますか。

(2)〈児童が先生に〉

ぜひ一度父に
- ア　お会いしていただきたいのです。
- イ　会ってください。
- ウ　お会いください。

(3)〈取材のお願いをしている相手に〉

来週の火曜日に
- ア　おうかがいさせていただきます。
- イ　うかがいます。
- ウ　行きます。

(4)〈児童がほかの児童に〉

先日先生が
- ア　くれた
- イ　くださった
- ウ　ちょうだいされた

お手紙を読んで、わたしは、なみだが止まりませんでした。

4 次の手紙の中には、敬語の使い方として正しくない部分が二つあります。その部分を書きぬき、正しい敬語に書き直しなさい。

木々の緑が美しい季節になりました。

お変わりなくお過ごしですか。

最近は、なかなかそちらにもうかがえず、電話ばかりで申しわけありません。

さて、先日は、たくさんのびわをお送りしてくださり、ありがとうございました。さっそく家族全員でおいしくめし上がりました。妹は初めて食べたびわに感動し、これならいくらでも食べられると申していました。

では、またお目にかかれる日を楽しみにしています。さやかさんやこうたさんにも、よろしくお伝えください。

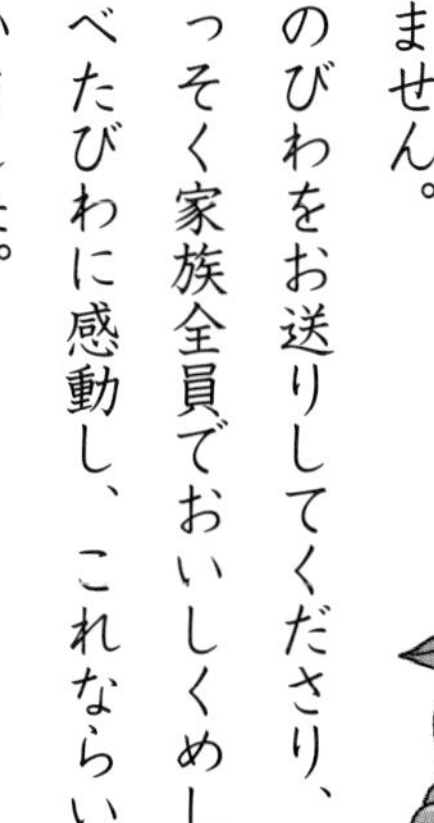

五月十日

松前　ひとみ

梅田　ちづる様

（　　　）→（　　　）

（　　　）→（　　　）

チャレンジテスト　2章　言葉のきまりをきわめる

学習した日　月　日

時間20分　得点　点　答え9ページ

1 次の文章を読んで、問題に答えなさい。

①子どもたちが楽しみにしていた夏休みが始まります。②四十日間の長い休みですから、この休みを有効に使ってほしいと思います。③自分のことだけではなく、家の手伝いもしっかりと行うことで、家族の一員であるという自覚が育つでしょう。

(1) ――線①の文を、／で単語に分けなさい。　完答（8点）

子どもたちが楽しみにしていた夏休みが始まります。

(2) ――線②の文を、／で文節に分けなさい。　完答（8点）

四十日間の長い休みですから、この休みを有効に使ってほしいと思います。

(3) ――線③の文から、主語と述語を書きぬきなさい。　完答（8点）

主語（　　　）　述語（　　　）

2 次の文の組み立てを考えて、〈例〉にならって、□に当てはまる言葉を書きなさい。　完答一つ9（18点）

〈例〉勉強は　とても　楽しい。

［とても］→［楽しい］
［勉強は］→［楽しい］

(1) ぼくは　歩いて　家に　もどった。

［あ］→［う］
［い］→［う］
［家に］→［う］

あ（　　　）　い（　　　）　う（　　　）

(2) 夕方の　校庭には　子どもたちの　すがたは　全く　なかった。

［あ］→［う］
［う］→［え］
［い］→［え］
［お］→［校庭には］
［校庭には］→［え］

あ（　　　）　い（　　　）　う（　　　）
え（　　　）　お（　　　）

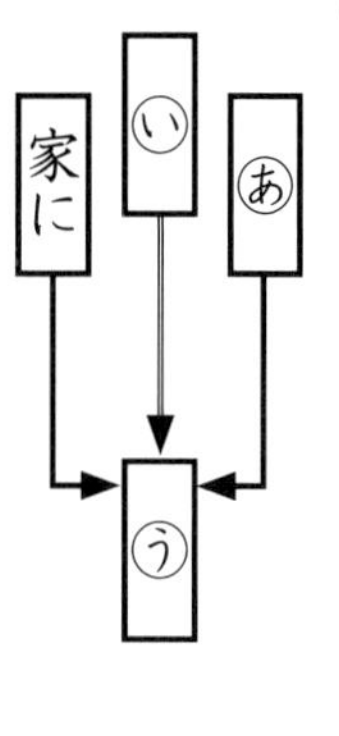

3 次の――線の言葉は、あとのア〜キのどの言葉と同じ品詞ですか。それぞれ記号を書きなさい。 一つ4〔28点〕

(1) 家の前には、大きなビルが建っています。

(2) 女の子が、ほおを赤くそめている。

(3) 太陽がぎらぎらとかがやいていた。

(4) かれは、町をふらふらさまよい歩いていた。

(5) いい小説だったよ。けれど、話が長いね。

(6) おもしろい動きをして、みんなを笑わせる。

(7) どんなことでも正直に話してください。

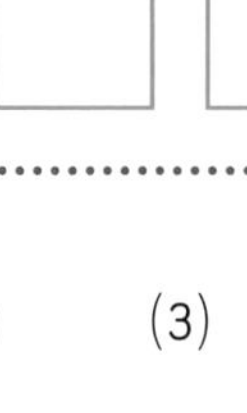

ア さて、今から イ たっぷり時間をかけて ウ 話そうと思うのは、エ ある オ 村で、カ 白いひげを生やした老人が体験した、キ 不思議な物語です。

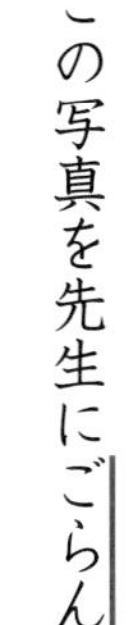
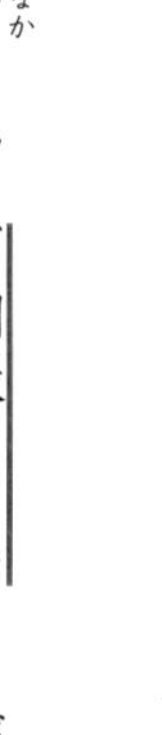

4 次の――線に使われた敬語は、あとの会話文中のア〜ウの、どれと同じ種類ですか。それぞれ選んで、記号を書きなさい。 一つ6〔30点〕

(1) 先生はどちらにいらっしゃいますか。

(2) 昨日、ゆいさんの家に遊びに行きました。

(3) メールで文書を送ってくださる。

(4) この写真を先生にごらんに入れたいものだ。

(5) 山中さんにご相談したいことがあります。

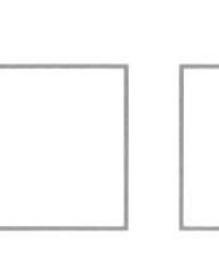

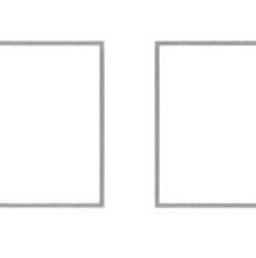

「何かおさがしですか。」

「バラの花はありますか。」

「はい。赤と白をご用意していますが、赤いバラにア なさいますか、それとも、白いバラになさいますか。」

「では、赤いバラを十本ください。」

「ありがとうございます。プレゼントでイ ございますね。ウ お包みしますので、しばらくお待ちください。」

7 心情と性格

標準レベル

確かめよう

答え 10ページ

知っトク！ポイント 5ページ

学習した日　月　日

1 次の文章を読んで、問題に答えなさい。

　その時だ。①ちょうど一人だけになった泳ぎ手にぼくの目は引きつけられた。男の子だ。年上かな？　ぼくよりも、だいぶサイズが大きく見える。そんなことより問題は、彼の泳ぎ方！　なんておかしな格好だ。クロール、バタフライ、犬かき、それらがごっちゃになったような泳ぎっぷりなんだ。ふざけているというよりは、どう見ても、じたばたもがいている。溺れるんじゃないかと、ぼくが心配になった時、彼は一度立ち上がり、ゆっくり息を吸い込むと、またわきめもふらずに泳ぎ出した。

　少しずつ、少しずつ、彼はぼくのほうにやってきた。そして、②ぼくは気づいた。彼は腕を一本しか使わずに泳いでいるんだ。右腕。右腕だけ。だから、まっすぐに進めず、下手なボート漕ぎみたいに、ふらふらと回ってしまう。それでも、ようやく彼はぼくのすぐ近くのサイドに曲がりながら、たどりついた。

　顔に流れる水を払いもせず、彼は大きく息をはずませた。

←

問一 ――線①「ちょうど一人だけになった～引きつけられた。」のは、なぜですか。次のようにまとめたとき、□に当てはまる言葉を、文章中から書きぬきなさい。

「彼」が［　　　　　　］で泳いでいたから。

ヒント「そんなことより問題は」よりあとの部分に注目する。

問二 ――線②「ぼくは気づいた」とありますが、どんなことに気づいたのですか。

（　　　　　　　　　　）

問三 ③・④に当てはまる言葉として最もよいものをそれぞれ次から選んで、記号を書きなさい。

ア ぱっと　イ きょろきょろと

ウ きっと　エ じろじろと

③［　］　④［　］

ヒント ③にはえんりょなく見続ける様子を表す言葉が入る。

問四 ――線⑤「体中がかっかと熱くなった」とありますが、このときの「ぼく」の気持ちを表す言葉として、最もよいものを次から選んで、記号を書きなさい。

ぼくは、目を皿のようにしてぶしつけに［③］彼を見つめてしまった。左腕がない。ない、としか言いようがない。肩から先の空白に、ぼくは胸がつまるような息苦しさを覚えた。

彼はぼくの目を［④］にらんだ。ぼくはあわてて視線をそらし、⑤体中がかっかと熱くなった。

「ごめん。つまり……」

下を向いたまま謝ったが、⑥何を言ったらいいのかわからなかった。

「おまえ、両方あるのに右に曲がるのな」

その挑戦的な台詞を、意外にも澄んだ声で言い放つと、彼はプールサイドを歩いていってバスタオルを体に巻き付けた。空白の左腕が緑の布に隠れる。

「バランスが悪いんだ」

大声で言いながら、こちらに戻ってくる青白い長身から、えたいの知れないエネルギーがきらきらとこぼれ落ち、ぼくは⑦射すくめられたように身を堅くした。

〈佐藤多佳子「サマータイム」による〉

ア　はずかしさ　**イ**　おそろしさ

ウ　うれしさ　**エ**　いまいましさ

［　］

問五　――線⑥「何を言ったらいいのかわからなかった」とありますが、このときの「ぼく」の気持ちとして、最もよいものを次から選んで、記号を書きなさい。

ア　「彼」は何でにらんできたのだろう。

イ　「彼」はプールに来るべきではない。

ウ　「彼」に泳ぎを教えてあげよう。

エ　「彼」をきずつけたかもしれない。

［　］

問六　――線⑦「射すくめられたように身を堅くした」とありますが、このときの「ぼく」の気持ちとして、最もよいものを次から選んで、記号を書きなさい。

ア　「ぼく」の泳ぎ方に文句を言ってくる、「彼」のえらそうな態度が気に入らなかった。

イ　「ぼく」と初対面なのにいろいろ話しかけてくる、「彼」の親しげな様子にきんちょうした。

ウ　左腕がないことを気にする様子のない、「彼」の堂々とした態度にあっとうされた。

エ　左腕を何とか隠そうとする「彼」の必死な様子を見て、かわいそうに思った。

［　］

ハイレベル

深めよう

答え 11ページ

1 「ぼく」と智明、ナス、ナスの弟のじゃがまるは、章くんの別荘へ来ています。五人はいとこどうしですが、年上の章くんに、他の四人はたてつくことができません。この文章を読んで、問題に答えなさい。

「昼飯食ったら、みんな外にでろ。ひさしぶりに競泳するぞ」

ぼくらはおとなしくうなずいて、①昼食が終わるとダッシュで海パンに着がえ、海辺へ飛びだしていった。「これをやる」と決めたことがスムーズに運ばないと、章くんはとたんにいらいらしはじめて、しばらく機嫌がなおらないんだ。

じりじりと熱い砂浜で章くんを待ちながら、ぼくらはおたがいの日焼けあとを自慢しあった。

「ほら、見て。ぼく、二色人間」

じゃがまるが得意げにいって、海パンを少しずりさげて見せる。ナスがそれをさらに引きずりおろそうとして、じゃがまるが悲鳴をあげた。

太陽の光をうけとめて、きらきらとまばゆい波打ちぎわ。水しぶきを飛ばしながら、じゃがまるはすたこら逃げまわる。ぼくらはじゃがまるを追いかけて遊んだ。しまいにはだれかれかまわず、おたがいの海パンずりおろし合戦になった。

←

い、ぼくのなかにはまた⑤むくむくとべつの感情がわいてきたんだ。

「いつもいってるじゃんか。もっとこう、うしろから威勢よくふりあげるんだよ。それから息つぎのタイミングもなってない。あんなんじゃ一キロ以上、泳げねえぞ」

ぼくは去年から中学の水泳部に入っている。そんなことはコーチから何度もきかされてきたし、本気をだせば章くんよりも速く泳げる。それなのに、なんにも知らずにえらそうにしている章くんが、なんだかとっても、ばかみたいに見えた。

〈森絵都「子供は眠る」による〉

＊八百長…わざと負けるいんちきな勝負。

問一 ――線①「昼食が終わるとダッシュで～飛びだしていった」とありますが、「ぼくら」は、なぜ急いだのですか。

（　　　　　）

問二 ――線②「こんなとき」とありますが、どんなときですか。「章くん」という言葉を使って、書きなさい。

（　　　　　）

学習した日　　月　　日

章くんさえいなければ、と、ぼくは②こんなとき、ついつい考えてしまう。

章くんさえいなければ、ぼくらはこんなにも自由で、のびのびしていられるのに。

もちろん、そんなことは口にも顔にもださなかったけど。

ぼくは③智明の助言を忠実に守っていた。

章くんにさからっちゃいけない。章くんよりデキるところを見せちゃいけない。

だからその日も、沖から浜までの一キロほどの競泳で、ぼくはわざと手をぬいて章くんに負けた。

腕のふりをおさえて。足のばたつきを弱めて。すぐ前をいく章くんを追いこさないように。まちがったって章くんの顔に海水をぶっかけたりしないように。

正直いって、あんまりいい気分じゃなかった。だってぼくはフェアに勝ちたかったし、そんな*八百長で章くんをアンフェアに勝たせたくもなかった。

ぼくは④うしろめたい気持ちのまま二着でゴールを決めた。

ところが。

「恭。おまえ、腕のふりが鈍ってんぞ」

砂浜で休んでいたぼくにむかって、章くんが得意満面で説教をはじめたとたん、そんなうしろめたさはすっとんでしま

問三 ——線③「智明の助言」の内容が書かれたひと続きの二文を、文章中から書きぬきなさい。

（　　　　）

問四 ——線④「うしろめたい気持ち」とありますが、どんなことに「うしろめたい気持ち」を感じているのですか。最もよいものを次から選んで、記号を書きなさい。

ア　章くんより自分の泳ぎがうまいこと。
イ　章くんとしんけんに勝負しなかったこと。
ウ　章くんがわざと八百長をしたこと。
エ　章くんを追いぬかずにすんだこと。

問五 ——線⑤「むくむくとべつの感情がわいてきた」とありますが、この「べつの感情」に当てはまるものを次から二つ選んで、記号を書きなさい。

ア　あきらめよう　　イ　いら立つ
ウ　軽べつする　　エ　なだめたい
オ　いたわりたい

問六 章くんの性格が最もよくわかる言葉を、文章中から九字で書きぬきなさい。

8 場面の移り変わり

標準レベル

確かめよう

答え 12ページ

知っトク！ポイント 5ページ

学習した日　月　日

1 次の文章を読んで、問題に答えなさい。

「皆、起きて」

①次に聞こえてきたのは伯父さんの声だった。

「ミーナも、朋子も、上に何かはおって」

その間、ずっと非常ベルは鳴り続けていた。私はベッドから這い出し、部屋の電気を点けようとしたが、停電しているらしく、いくらスイッチを入れても暗いままだった。

「朋子、こっちだよ。慌てんでもいい」

声がする方へ、壁伝いに廊下を進んでゆくと、伯父さんの腕の中には既にミーナがいた。身体を小さくして微かに震えている。

伯父さんに抱きかかえられるようにして一階へ下りていくと、玄関ホールには伯母さんとローザおばあさんと米田さんが、一塊になって立っていた。②皆、寝間着姿だった。

「とにかく風上にいたら、心配ない。念のために外へ出て、しばらく様子を見よう」

「あなたは？」

「貴重品をまとめて、あとから行く」

←

問一　――線①「次に聞こえてきたのは伯父さんの声だった。」とありますが、最初に聞こえたのは何だと考えられますか。次の□に当てはまる言葉を、(1)は文章中から書きぬき、(2)は考えて書きなさい。

(1)［　　　　］が　(2)［　　］音。

ヒント 伯父さんの声以外に、何の音が聞こえているのか考える。

問二　――線②「皆、寝間着姿だった。」からわかることとして、最もよいものを次から選んで、記号を書きなさい。

ア　すぐにねむれるようにしていること。
イ　着がえるのがめんどうだったこと。
ウ　にげるまでもないと思っていること。
エ　あわてて起きてきたこと。

［　　］

ヒント 皆は、起きたままの姿で集まっていたのである。

問三　――線③「つい数時間前まで光り輝いていたはずのクリスマスツリーが、黒い影になって闇に沈んでいるのが見えた」とありますが、この情景が表すこととして、最もよいものを次から選んで、記号を書きなさい。

「大丈夫？　すぐに来てね」
「分かってる。大したことはない。さあ皆、はぐれんように、ママにひっついて」
指示を出す伯父さん以外、誰もが無口だった。米田さんは皆の履物を揃え、ローザおばあさんはヘアネットを深く被り直す。玄関を出る時振り返ると、③つい数時間前まで光り輝いていたはずのクリスマスツリーが、黒い影になって闇に沈んでいるのが見えた。

なぜだか④外の方が明るかった。玄関の照明は消え、空には月も見えないのに、暗がりの向こうが、うっとりするほどきれいなオレンジ色に染まっている。今頃になって＊ジャコビニ流星雨が流れ着き、そこに全部集まって燃えているのかと思うほどだった。

「山火事なんや」

とミーナがつぶやいた。

私たちは正門の鍵を開け、北側の道路に出た。近所の人も何人か、道端のあちらこちらに立って、不安そうに炎の方を見ていた。家の中から非常ベルの音がしばらく漏れていたが、やがて消防車のサイレンにかき消されてしまった。

〈小川洋子「ミーナの行進」による〉

＊ジャコビニ流星雨…十月上旬、流れ星が雨のようにふる現象のこと。

ア　数時間前は皆楽しい気持ちだったのに、今では不安な気持ちになっていること。

イ　クリスマスツリーに気を取られて、皆今何が起きているのかを考えられなくなっていること。

ウ　クリスマスツリーが光り輝いていたときの皆のつらい気持ちが、さらにつらく苦しいものになっていること。

エ　数時間前のはしゃいだ気持ちを、皆思い出そうとしていること。

□

問四　——線④「外の方が明るかった」とありますが、なぜですか。

（　　　　　　　　）

問五　この文章を次のように大きく三つに分けたとき、二つ目、三つ目の場面で、「私」はどこにいますか。□に当てはまる言葉を、それぞれ文章中から書きぬきなさい。

・一つ目…ベッドがある部屋から廊下へ
・二つ目…一階の□から外へ
・三つ目…家の□

ハイレベル 深めよう 答え13ページ

1 次の文章を読んで、問題に答えなさい。

私たちは不安を押し留めるように、いっそう近くに身を寄せた。誰もが誰かの身体のどこかに触れていた。伯母さんはローザおばあさんの腕を取り、ローザおばあさんはミーナの肩を抱き、ミーナは米田さんのガウンの紐をつかみ、米田さんは私の背中に手を当てている。風は冷たいはずなのに、少しも寒くない。

「いやあ、待たせたね」

その時①ようやく伯父さんが玄関から出てきた。皆の不安をよそに、一人洋服に着替え、髪まで整えていた。私たちは大急ぎで駆け寄り、輪の中に伯父さんを加えた。私は伯父さんのベルトを握り締めた。

これで心配ない。全員一つところに固まっていれば、怖いことなど何もない、伯母さんだって安心できる、絶対にこのベルトを放してはならない、と私は思った。

「二階のバルコニーから見たら、案外遠そうだよ。そう大げさにする必要もないと思うけど、一応、深江の寮に避難する手はずを整えたから。さあ皆、車に乗って」

伯父さんはまるでピクニックに出掛けるような調子だった。

「えっ、それはどこです？　遠いんですか？」

←

のは私たち一家だけのようだった。近所の人たちは門の前を掃いたり、お勤めに出掛けたり、普段どおりの様子で過ごしていた。非常ベルは鳴り止み、停電も復旧していた。米田さんは大急ぎで朝ご飯の支度に取り掛かった。食卓はまだ赤いテーブルクロスに覆われ、＊燭台の受け皿には溶けたろうそくが固まり、クリスマスツリーのてっぺんに飾られた銀色の星は、朝日を浴びてきらめいていた。

〈小川洋子「ミーナの行進」による〉

＊燭台…ろうそくを立てる台。

問一　――線①「ようやく伯父さんが玄関から出てきた」について、次の問題に答えなさい。

(1)　このときの伯父さんの様子を説明したものとして、最もよいものを次から選んで、記号を書きなさい。

ア　冷静である。　イ　きんちょうしている。
ウ　あわてている。　エ　楽しげである。

(2)　伯父さんもふくめて、全員で一緒にいたいという「私」の気持ちが書かれた部分を、文章中から十七字でさがして、初めと終わりの三字を書きぬきなさい。

初め　　終わり

学習した日　月　日

ベルトを握ったままそう尋ねる私に、

「車で十分も掛からん。会社の独身寮だからね、何の心配もいらんよ」

と、優しく答えてくれた。

炎が見えなくなると、あとはもう本物のピクニックと同じだった。私とミーナは定員オーバーのベンツでの、短いドライブに興奮し、独身寮のそこここを興味津々で眺め回し、真夜中わざわざ出迎えてくれた管理人さんに、お礼を言うのさえ忘れるほどだった。

とにかく、独身寮の空き部屋の二段ベッドという、思いも寄らない珍しい場所で一緒に眠れることだけでうれしく、はしゃいでいた。さっきまで怖がっていたことなどすっかり忘れてしまった。管理人室の客間で休んでいる大人たちの気配が静まってからもなお、二段ベッドの上と下で、クリスマスパーティーがまだ続いているかのようにお喋りをした。②結局山火事は、サンタクロースからの少し変わったプレゼントだったのかもしれない、という結論に達した。

次の朝早く、芦屋へ戻ってみると、あれほど大騒ぎをした割には、火事はひどくなかったことが判明した。山肌のごく一部分が焼け焦げているだけで、山頂付近は静かに朝靄に包まれていた。家屋には一軒も被害は出ておらず、わざわざ避難までした

問二 ――線②「結局山火事は、～プレゼントだったのかもしれない」とは、山火事のおかげで、「私」とミーナが思いがけない経験をすることになったことを表しています。それは、どんなことですか。二つ書きなさい。

問三 次の問題に答えなさい。

(1) この文章を、時間の変化によって大きく二つに分けるとすると、後半はどこからになりますか。後半の初めの三字を書きぬきなさい。

(2) (1)で分けた前半部分の時間帯がわかる言葉を、文章中から書きぬきなさい。

(3) (1)で分けた前半部分を、「私」の気持ちの変化によって大きく二つに分けるとすると、後半はどこからになりますか。後半の初めの三字を書きぬきなさい。

9 主題

標準レベル

確かめよう

答え 14ページ

1 次の文章を読んで、問題に答えなさい。

「今日も、一生懸命走ってきたよ！」

俺は、ばあちゃんに得意になって報告した。

ところが、ばあちゃんは、

「一生懸命、走ったらダメ」

と言うのである。

「なんで、一生懸命走ったら、いかんと？」

「腹、減るから」

①「……ふうん」

何を言い出すのかと思いながら、俺がその場を去ろうとすると、ばあちゃんはさらに俺を引きとめる。

「ちょっと昭広、もうひとつ。まさか、靴はいて走っとらんとやろうねえ？」

「え？　はいてるよ」

「バカタレ――！　裸足で走れ！　靴が減る!!」

さすがに、②このふたつの言いつけは聞かないことにして、俺は毎日懸命に、もちろん靴をはいて走り続けた。

④「ばあちゃん、お休み」……。

としか言いようのない俺だった。

〈島田洋七「佐賀のがばいばあちゃん」による〉

問一　――線①「……ふうん」とありますが、このときの「俺」の気持ちとして最もよいものを次から選んで、記号を書きなさい。

ア　何となくなっ得がいかない。

イ　なるほどと感心している。

ウ　ふざけるなと腹を立てている。

エ　意味がわからなくてつまらない。

［　　］

問二　――線②「ふたつの言いつけ」とは、どんな言いつけですか。「〜から、〜」という形で、二つ書きなさい。

（　　　　）

（　　　　）

ヒント ばあちゃんの会話に注目する。

知っトク！ポイント 5ページ

学習した日　　月　　日

さて、木の実をおやつに、おもちゃも手作り、スポーツも走るだけという、いたってシンプルな貧乏生活。

まだまだ子供だったし、そう辛いとも思っていなかったが、それでもある日、何となくばあちゃんに言ってみたことがある。

「ばあちゃん、うちって貧乏だけど、そのうち金持ちになったらいいねー」

しかし、ばあちゃんの答えはこうだった。

「何言うとるの。貧乏には二通りある。

暗い貧乏と明るい貧乏。

うちは明るい貧乏だからよか。

それも、最近貧乏になったのと違うから、心配せんでもよか。

自信を持ちなさい。

うちは先祖代々貧乏だから。

第一、③金持ちは大変と。

いいもの食べたり、旅行に行ったり、忙しい。

それに、いい服着て歩くから、こける時も気ぃつけてこけないとダメだし。

その点、貧乏で最初から汚い服着てたら、雨が降ろうが、地面に座ろうが、こけようが、何してもいい。

ああ、貧乏で良かった」

問三 ――線③「金持ちは大変」とありますが、金持ちと比べて、貧乏はどんなところがよいと、ばあちゃんは言っていますか。それが書かれた一文を文章中からさがして、初めの五字を書きぬきなさい。

問四 ――線④「ばあちゃん、お休み」と言ったときの「俺」の様子として、最もよいものを次から選んで、記号を書きなさい。

ア 悲しくて言葉にできない様子。
イ 照れくさくて口がきけない様子。
ウ あきれ返って言葉を失っている様子。
エ 感動して何も言えない様子。

問五 ばあちゃんの言葉から、どんなことがわかりますか。最もよいものを次から選んで、記号を書きなさい。

ア 貧乏であることを、必死にごまかそうとしていること。
イ 貧乏を引け目に思わず、前向きにとらえていること。
ウ 「俺」に苦労させるのは悪いと感じていること。
エ 金持ちになれないのを悲しく感じていること。

ヒント 「うちは明るい貧乏だからよか。」とある。

ハイレベル 深めよう

答え15ページ

1 父の彰二が単身ふにん先から夕方の便で帰るというので、誠と母の智恵子、妹の由美は駅で待ち続けていますが、父は現れません。この文章を読んで、問題に答えなさい。

「二十三時二十八分着、東京発二百七十号、最終便がはいります」

構内アナウンスが小さくきこえた。誠は全速力で、改札口までかけもどった。改札係があくびをかみ殺しながら、箱にはいっていった。由美は、智恵子にもたれてぐっすりねむっていた。智恵子はねむっているのかいないのか、うなだれたままだ。誠は、

（こんどこそ、とうさんがのってる。ぜったい、のってる）

心のなかで呪文をとなえた。じゃんけんのときだって、

（勝つ、ぜったいに勝つ）

ってとなえたら、念力で勝てるもの。

ひと電車ごとに、乗客たちの疲労の色もこくなっていくようだった。半分ねむっているような男たちが、[①]と改札をすりぬけていった。

（かえる、とうさんはかえる。かえる、かえる……）

②誠の念力が弱まって消えていったころ、ダダダダと、階段

肩をすぼめて、小さくこたえた。

「ばっかだなあ、おまえたち。ばかだよ」

彰二は鼻をつまらせた。彰二の大きな腕が、三人いっしょにすっぽりとだきかかえた。由美はぐいぐいと、おでこで彰二のお腹をおした。智恵子は肩に頭をもたせかけた。誠はあごのあたりから彰二の顔を見あげて、へらへらとわらった。

〈八東澄子「ミッドナイト・ステーション―真夜中の駅―」による〉

問一 [①]に当てはまる言葉として最もよいものを次から選んで、記号を書きなさい。

ア すたすた　**イ** ふらふら

ウ ずんずん　**エ** ざわざわ

[　　]

問二 ――線②「誠の念力が弱まって消えていった」とありますが、ここから、誠についてどんなことがわかりますか。三十字以内で書きなさい。

学習した日　月　日

を三段とばしでかけおりてきた男がいた。彰二だった。あっけにとられている誠に気づくゆとりもなく、改札口を走りぬけた。五、六メートルも見送ってから、誠は大声でさけんだ。

「とうさあーん！」

びくっとたちどまって、彰二はゆっくりふりかえった。

「……誠」

③髪はぼさぼさでつったっていた。この寒いのに汗までかいていた。智恵子も由美も、ベンチからたちあがっていた。

「とうさん」

「とうさあーん！」

由美が、まっ先にかけだした。映画のワンシーンみたいに、彰二と由美はしっかりだきあった。

（ちぇ、由美のやつ、いい役するなあ。かっこよすぎるんだよ）

ねぼけているのか、ぼんやりつったったままの智恵子のおしりをおして、誠は彰二にちかづいていった。

「まってたのか？」

④そうだという返事をきくのがこわいといった表情だった。

「まってたのか、ずっと」

おこったみたいにいった。しかられて、智恵子も誠も由美もしょんぼりとうなだれた。

「うん」

問三 ——線③「髪はぼさぼさで〜汗までかいていた。」とありますが、ここから、彰二についてどんなことがわかりますか。

（　　　　　　　　　　）

問四 ——線④「そうだという返事をきくのがこわいといった表情」にこめられた彰二の気持ちとして、最もよいものを次から選んで、記号を書きなさい。

ア　夜中に子どもが外を出歩くのは許せない。
イ　自分にだまって勝手にまっていたのがくやしい。
ウ　夜中まで家族を駅でまたせて申しわけない。
エ　家で再会することができなくて残念だ。

□

問五 この文章で作者が伝えたいこととして最もよいものを次から選んで、記号を書きなさい。

ア　夜おそくまで働いている大人の社会のきびしさ。
イ　父と子が、なかなか会えずにすれちがうおかしさ。
ウ　はなれた場所でくらす家族が、きずなを失うさびしさ。
エ　おたがいを思いやる、家族のつながりの深さ。

□

チャレンジテスト　3章 物語文をきわめる

時間 30分　得点　　点　答え 16ページ

学習した日　　月　　日

1 小学五年生のサキは、とうさんと兄のユウキの三人で、峠をこえたところにある、死んだかあさんのいなかへ向かっています。この文章を読んで、問題に答えなさい。

「峠だ。」

先頭を歩いていたとうさんが、立ち止まった。すぐうしろを歩いていたサキは、あせにまみれた顔を上げた。

このまま、①こんな速さで歩いていたら、じきにバテて、すわりこんでしまうのは、自分でもわかっていた。サキは、なんとかもちこたえられたので、ほっとした。

急な上り坂のあと、三人は山をまいてついている道をたどってきた。道は平坦だったが、とうさんが、ぽつぽつとふり出した雨にせかされるように急いで歩くので、サキは心臓が飛び出しそうなくらい、苦しくなっていた。

「②ここが、峠……。じゃあ、今日はもう、歩かなくてもいいんだ。」

サキはそういうと、リュックをおろして、すわりこんでしまった。安心して力がぬけたせいか、もう一歩も歩けそうもない。

それから、何度も深呼吸して、息を整えると、あらためて、

問一 ――線①「こんな速さ」について、次の問題に答えなさい。

(1) これは、どんな速さですか。最もよいものを次から選んで、記号を書きなさい。〔5点〕

ア サキが、よゆうでついていける速さ。

イ サキががんばれる、ぎりぎりの速さ。

ウ サキがつらくて泣き出す速さ。

エ サキがとてもついていけない速さ。

(2) 「こんな速さ」になったのは、だれが、どうしたからですか。三十字以内で書きなさい。〔15点〕

あたりを見回してみた。

そこは、③サキが想像していた峠とは、ちょっと感じがちがっていた。サキは、峠が、かあさんのいなかから来る山道と、今日三人が登ってきた山道とぶつかり合うところと聞いて、なにか境界のような、線のような、はばのせまいところを想像していた。

ところが、ここはクマザサや草におおわれた、一面緑のだだっ広い野原だった。腰くらいの背たけのあるクマザサの間に、背たけの低いクローバーなどのはえた草地が、ところどころに、ぽっかりと顔をのぞかせている。

しかも、峠までの道のりも、考えていた以上にきびしかった。山登りとちがって、峠ま

問二 ――線②「ここが、峠……。」と言ったときのサキの気持ちを、二十五字以内で書きなさい。〔15点〕

問三 ――線③「サキが想像していた峠」について、次の問題に答えなさい。

(1) サキが想像していたのは、どんなところですか。文章中から二十二字でさがして、初めと終わりの三字を書きぬきなさい。完答〔10点〕

初め

終わり

(2) 実際は、どんなところですか。文章中から十一字で書きぬきなさい。〔10点〕

では、もっとらくらくと、三人でなごやかに話でもしながら歩いていれば、着いてしまうくらいに思っていた。ところが、話をするどころではなかった。息をするのが、やっとのありさまだった。

けれど、想像していた通り、空は広かった。サキは頭上をふりあおいだ。空が、すぐ近くに見えた。ここは、やっぱり、かあさんが話してくれた峠なんだ、と思った。

でも、せっかく空に近くなったというのに、あいにくの空もようだった。灰色の雲は、もう頭上近くまでせまっていて、峠ごとすっぽりおおいつくしそうだ。

それから、サキは四方八方に目をやって、だだっ広い峠の果てに、細い道がついているのに気がついた。道は、山の斜面を登っていき、その上の山といっしょに、雲に入って見えなくなっている。

「あの道、どこに行くの？」

サキは思わず、とうさんに聞いた。

サキは、④<u>ぷつんととぎれている道を見て、またかあさんの話を思い出していた。</u>

「かあさん、子どものころ、ずっと信じてた。あの峠から、星に向かって、道がついてるんだって。死んだ人は、その道を通って、星になるんだって……。」

問四 ——線④「ぷつんととぎれている道を見て、またかあさんの話を思い出していた」について、次の問題に答えなさい。

(1) 「ぷつんととぎれている道」とは、道が、どうなっている様子を表していますか。二十五字以内で書きなさい。〔15点〕

(2) ここで「かあさんの話を思い出し」たのは、なぜですか。最もよいものを次から選んで、記号を書きなさい。〔10点〕

ア ぷつんととぎれた様子から、かあさんにはもう二度と会えないことを改めて感じたから。

イ 道の様子から、かあさんが子どものころ苦労して峠を登っていたことが想像できたから。

ウ ぷつんととぎれた様子から、かあさんが子どものころ信じていた話はうそではないかと思ったから。

エ 道の様子が、かあさんが話していた星に向かう道の印象にぴったりだったから。

道は、少し登って、雲の中に消えたあと、そのままずっと空まで、登っていきそうに見えた。

「あの道か。あれは、山に登って行くんだよ。」

とうさんは、指さして答えた。

「ふーん。高い山？」

「それほどじゃないよ。今日、［⑤］たら、ちょっととがった山のてっぺんが、よく見えるはずなんだけどな。」

「そうか。ここより、もっと高い所があるんだ。」

サキは、峠よりも高い場所があると知って、ちょっとがっかりした。

「ねえ、その山、わたしたちにも登れる？」

「登れるさ。二時間半もあれば、登って帰ってこられるだろう。でも、その日のうちに、おばあちゃんの家に着かなくちゃならないから、もし登るつもりなら、朝早く出ないとなんないな。」

サキは、とうさんから⑥そう聞かされても、まだその道が、空まで続いていくような気がしてしかたなかった。

〈三輪裕子「峠をこえたふたりの夏」による〉

問五 ［⑤］に当てはまる言葉を、この日の天気を考えて、三字で書きなさい。〔5点〕

問六 ――線⑥「そう聞かされても」の「そう」が指しているのは、どんなことですか。最もよいものを次から選んで、記号を書きなさい。〔5点〕

ア 道が、峠より高い山へ登って行くものであること。

イ 道は、おばあちゃんの家へは続いていないこと。

ウ 道を登って行く予定はないこと。

エ 朝早く出ないと、山には登れないこと。

問七 この文章で中心にえがかれているものとして最もよいものを次から選んで、記号を書きなさい。〔10点〕

ア かあさんに対するサキの思い。

イ 峠までの道のりのつらさ。

ウ 峠を登りきったサキのがんばり。

エ かあさんの子どものころの思い出。

10 筆者の考え

標準レベル　確かめよう　答え17ページ

1 次の文章を読んで、問題に答えなさい。

犬を飼うたのしみの一つは、こんなふうに思いがけず①犬の才能を発見して、それを何度でもやらせることだ。

ハラスがものをくわえて運ぶかどうか、その後買い物に行ったときなぞためしてみると、小さめの袋に入れたものぐらいならくわえたまま家まで持ってくる。駅前の人ごみの中をそうやって犬がくわえて運ぶのを見ると、

「まあ、［②］ワンちゃんね。」

と人がほめたりするが、そういうときはほめられたのがわかるようで、なおさらすまして歩いてゆく。ほめられればこっちのほうもなんとなく③鼻がぴくぴくするくらいの気持ちになるし、その点ハラスという犬はなかなか飼い主のご自慢の犬になったのだった。

そしてそういうことがあってから、④犬というのはかなり人間の言葉がわかるのじゃないかと思うようになった。ハラスがいるところでハラスのことを話題にしているときなど、ほめられているか、けなされているかが、どうもわかるらしい

←

問一 ――線①「犬の才能」とありますが、ハラスには、どんな才能があるのですか。

（　　　）

問二 ［②］に当てはまる言葉として最もよいものを次から選んで、記号を書きなさい。

ア きれいな　イ 感心な
ウ 小さな　エ おかしな

［　］

ヒント ハラスはどんなことができるのかとらえる。

問三 ――線③「鼻がぴくぴくするくらいの気持ち」とは、どんな気持ちですか。最もよいものを次から選んで、記号を書きなさい。

ア むなしい　イ はずかしい
ウ さびしい　エ ほこらしい

［　］

ヒント 飼っている犬がほめられたときの気持ちである。

問四 ――線④「犬というのはかなり人間の言葉がわかるのじゃないか」とありますが、この具体例が挙げられている一文を、ここよりあとの文章中からさがして、初めの五字を書きぬきなさい。

知っトク！ポイント 5ページ

学習した日　月　日

のだ。ほめられているときはいかにも得意げな顔つきになる、悪口を言っているときはなんとなくつまらなそうな顔になる。

人間の子どもでもそうだけれども、自信を持たせ、才能をのばしてやるには、なんといってもほめてやることが第一だ。しかってばかりいては心がかじかんでしまってのびるべき才能ものびない。

きみは本阿弥光悦という人の名前を知っていますか。これは安土桃山時代の人で、書でも陶芸でも*蒔絵でも、国宝級のものをつくり出した天才だけれども、⑤そのめぐまれた才能をのばしたのはその母親の妙秀だった。

妙秀は子供を育てるのに、子供が少しでもよいことをするとことのほかよろこんでほめた。幼い子は心が*かじけないように、心のいさむようにしてやるのが大切だといって、子供を力づけ元気づけてやった。これは子供を甘やかすのではない。しかるときはしかり、子供のいい面をのばしてやろうとしたのだ。

人間でも犬でも賞賛は自信を持たせる一番のくすりなんだ。

〈中野孝次「ハラスよ!! ありがとう」による〉

*蒔絵…うるしの上に金粉、銀粉をまいて、もようをつける工芸。

*かじける…かじかむ。こごえて動かなくなる。

問五 ——線⑤「そのめぐまれた才能」とありますが、どんな才能ですか。二十五字以内で書きなさい。

問六 この文章では、筆者が具体例から自分の考えを導き出している段落が二つあります。一つは最終段落ですが、もう一つはどの段落ですか。初めの六字を書きぬきなさい。

問七 この文章での筆者の考えに合うものを、次から一つ選んで、記号を書きなさい。

ア 犬も子供も自信を持たせるには、ほめてやるのがよい。

イ 犬や子供が悪いことをしても、しかってはいけない。

ウ 子供が才能をのばすには、犬と遊ぶとよい。

エ 子供を甘やかすことは、悪いことではない。

答え18ページ

1 筆者は、おさないころから目が不自由でした。この文章を読んで、問題に答えなさい。

①私が好きだったのは、鉄砲花火と煙幕、それに蛇花火だ。鉄砲花火は、ときどき手に火花が飛ぶくらいに勢いよく燃えるので、いかにも気持ちがよい。煙幕は、煙が音をたてて目の前に広がりながら上へ向かって行く様子がとても立体的に聞こえて、火山の噴火のように思えた。蛇花火が好きだったのは、終わってから蛇の形に残った灰を手でさわれたからだった。火の音で花火を楽しんではいたが、燃えているところをさわるわけにもいかず、内心では、「花火はきれいだというけれど、どんなふうに燃えているのだろう」と思っていたりした。蛇花火は、そんな疑問を見事に解決してくれたのだ。しかもこれは、燃えながら地面を這っていくので、燃えているときから火の行方がよく聞きとれた。

手花火同士で火のやりとりをするのも楽しみの一つだった。「火、ちょうだい」などと言いながら花火を差し出すと、だれかがそっと自分の花火の先を私のに押しあててくれる。火がつくまでは手を動かさないように、お互いに相手を気遣っている。何秒かすると、友だちの火の音に私の花火の音が加わっ

いわね、よく話してくれて。どうもありがとう」と母に言われ、ゆうちゃんはほっとしたように黙った。「また遊ぼ」と私が言うと、みんなも安心して帰っていった。本当は、正直に謝ってくれたゆうちゃんに、③私も「ありがとう」と言いたかった。

いま思うと、花火は美しい音楽を奏でるだけでなく、命を傷つけずに遊ぶためのルールや、弱い仲間を守る気持ちを教えてくれたのかもしれない。この日以来、花火はいつのまにか私の夏に欠かせない音の一つになっていった。

＊顛末…物事の初めから終わりまでの様子。

〈三宮麻由子「そっと耳を澄ませば」による〉

問一 ――線①「私が好きだったのは、鉄砲花火と煙幕、それに蛇花火だ。」について、次の問題に答えなさい。

(1) 鉄砲花火の、どんなところが好きだったのですか。十字程度で書きなさい。

(2) 蛇花火の、どんなところが好きだったのですか。二つ書きなさい。

学習した日　月　日

て、ボッと火の勢いが増したように聞こえた。やりとりが終わると二人は離れて、また大声で騒ぎながら火の勢いを競うのだった。

②夏休みが終わりに近づいたある晩、いつものように花火の最後を鼠花火でしめていると、一つ年上のゆうちゃんという男の子がふと悪戯心を起こし、私のほうに花火を投げてきた。そんなことには慣れっこの私はすぐにピョンと脇に飛びのいたのだが、あいにくその日はロングスカートをはいていて、裾に花火をひっかけてしまったのだ。シュルシュルと音がして、足もとから熱いものが吹き上げてきた。急がなければ花火が破裂して大火傷してしまう。私はスカートをたくし上げながら思い切りキックして、もう一度飛び上がった。何十センチか離れたところに着地したとき、パンッ、とすぐ近くで花火が弾けた。「助かった！」、みんなもほっとため息をついた。しかし、スカートには、手が入るくらいの大穴があいている。「ごめんなさい」ゆうちゃんがていねいに私にあやまった。

後片付けがすむと、彼は私の手を引いて家のブザーを押した。母が出てくると彼は気をつけをしてことの*顛末を話し、最後に、「ぼくが悪いことをしました。ごめんなさい」とおじぎをした。嘘も言い訳もしない、そのままの報告だ。「偉

問二 ——線②「夏休みが終わりに近づいたある晩」の話は、どこまで続いていますか。終わりの五字を書きぬきなさい。（記号も字数にふくめます。）

問三 ——線③「私も『ありがとう』と言いたかった」とありますが、どんなことに「ありがとう」と言いたかったのですか。最もよいものを次から選んで、記号を書きなさい。

ア 「私」の代わりに謝ってくれたこと。

イ 家まで送ってくれたこと。

ウ 本当のことを言ってくれたこと。

エ いっしょに遊んでくれたこと。

問四 子ども時代の花火の経験から、筆者は何を学んだと考えていますか。文章中から書きぬきなさい。

時間 20分　得点　　点　答え 19ページ

学習した日　　月　　日

1 次の文章を読んで、問題に答えなさい。

①人工的に雨をふらそうと思ったら、爆弾や火が必要です。自然はおおきな力をもっています。それをコントロールしようとするならば、それに対抗できるくらいの力が必要なのです。

理くつではできるとわかっていても、この方法がためされたことがないわけが、わかったと思います。原子爆弾をつかったら、②たくさんの人が死に、生きのこったとしても放射能の影響で重い病気にかかってしまいます。雨どころのさわぎではありません。

自然による災害を小さくおさえたい、という考え方はもっともです。けれど、自然を人類が思いどおりにしようと思ったら、大きな犠牲をはらわなければなりません。

自然はそれだけ偉大だし、こわいものです。いじればいじるほど、人間が住みにくい環境になってしまいます。

「暑い、暑い。なんとかすずしくすごせないだろうか。」

人類はそう考え、クーラーを発明しました。クーラーがある室内ならば、気温が思いのままです。真夏でも、すずしく

問一 ――線①「人工的に雨をふらそう」について、次の問題に答えなさい。

(1) 「人工的に雨をふらそう」とすることは、自然をどうしようとすることだと筆者は考えていますか。〔15点〕

(　　　　)

(2) 「人工的に雨をふらそう」とするなら、どのくらいの力が必要なのですか。〔15点〕

(　　　　)

問二 ――線②「たくさんの人が死に、生きのこったとしても放射能の影響で重い病気にかかってしまいます」とありますが、これを言いかえた言葉を、文章中から五字で書きぬきなさい。〔15点〕

問三 ――線③「室内はたしかにすずしくなりましたが、外は逆に暑くなってしまいました」とありますが、なぜですか。その理由を文章中から書きぬきなさい。〔15点〕

すごせます。

けれど、③室内はたしかにすずしくなりましたが、外は逆に暑くなってしまいました。冷たい空気をつくるためにでる熱が、クーラーの室外機をつうじて、どんどん外にでてしまうからです。

「みんなが、［　④　］、夏はもっとすずしくなるのになあ。」

ぼくは夏になると、いつもそんなことを思います。でも、だめです。どんどん暑くなると、ますますクーラーがふえ、クーラーがふえれば、また暑くなる。こういうのを⑤「悪循環」といいますが、いったん、悪循環にはいってしまったら、そこからぬけだすのはとてもむずかしいのです。日本の夏は、どんどん暑くなるばかりです。

いったん、いじってしまった自然は、もとにはもどりません。これ以上、自然をいじったら、どういうことになるか。きっと、とりかえしのつかないことになるような気がします。

自然をコントロールするなんて考えず、雨がふらないときは節水を、台風の被害を小さくするには防災対策を。これが、人類の智恵というものだ、とぼくは思います。

〈森田正光「お天気キャスター森田さんのおもしろ天気予報」による〉

問四　［　④　］に当てはまる言葉として最もよいものを次から選んで、記号を書きなさい。〔10点〕

ア　クーラーをいっせいにつかったら
イ　いっせいにクーラーがある室内から外に出たら
ウ　クーラーをつかうのをいっせいにやめたら
エ　いっせいにクーラーを買いかえたら

問五　——線⑤「悪循環」とは、ここではどうなることを表していますか。〔15点〕

問六　この文章で筆者が言いたかったこととして、最もよいものを次から選んで、記号を書きなさい。〔15点〕

ア　自然を変えるのではなく、人間が自然に対応するべきだ。
イ　雨をふらせるには、戦争をする覚ごが必要である。
ウ　自然災害を小さくおさえるのは、やめたほうがよい。
エ　クーラーの発明により、人間は自然からはなれていった。

11 話題と要点

標準レベル

確かめよう

答え 20ページ

1 次の文章を読んで、問題に答えなさい。

南北両アメリカの、雨の少ないさばくや荒原、高山地帯が、①サボテンのふるさとです。

さばくで雨がふるのは、一年のうち三〜四か月。それもほんの少しだけです。あとは、かんかんでりの日がつづき、土も風も、なにもかもかわききってしまいます。日中はやけるように暑く、夜はこおりつくほどひえこみます。そして、年中ものすごい砂あらしが、ふきあれています。

このような、ふつうの木や草が、とても生きていけないところで、サボテンは、すばらしいしくみをくふうしながら生きつづけているのです。

☆植物の葉の役目は、大きく育つために必要な栄養分をつくりだすことですが、根から新しい水をすいあげるために、気孔から、あまった水分を蒸発させたり、とけこんでいる養分をとったあとの水をすてる役目もします。

[②]、雨の少ないさばくで、ふつうの植物のように水分を外にだしつづけていたのでは、たちまちひからびてしまい体内の水分の蒸散もします。

しかし、サボテンの気孔の数は、たいへん少なくて、ほかの植物の二十分の一から五十分の一しかありません。そして、つぼのようにくぼんでいて、入り口が直接風にさらされないようになっているので、蒸散する水分の量は、ごくわずかしかないのです。

〈埴沙萠「サボテンのふしぎ」による〉

知っトクポイント 6ページ

学習した日　月　日

問一 ――線①「サボテンのふるさと」とは、どんなところですか。その説明として当てはまらないものを次から一つ選んで、記号を書きなさい。

ア 太陽の日差しがきびしく、土がかわいたところ。

イ 一年を通して雨が適度にふり続けるところ。

ウ 一年中はげしい砂あらしがふくところ。

エ 昼と夜の温度差がとてもはげしいところ。

[　　]

問二 ☆で始まる段落では、何について説明していますか。

（　　　　）

問三 [②]に当てはまる言葉を次から選んで、記号を書きなさい。

ます。なにしろ、土はかわいていて、すいあげる水のない日が長いあいだつづくのですから……。

サボテンは、葉をとげにかえて、くきの中の水分ができるだけ外ににげださないようにしているのです。

大むかしは、サボテンにも広い葉があり、ふつうの木や草といっしょにはえていました。

しかし、アメリカ大陸の西側の大地がもりあがり山脈となってからは、海からへだたった地方はすっかり雨の量が少なくなり、大地があれはてるとともに多くの植物がほろんでしまいました。

でも、③からだの形をかえて、生きつづけてきた植物があります。サボテンです。わずかでも雨がふると、少しでも多く水をすいあげ、たくわえておけるように、長い時代かかってくきを太くしていきました。

かんそうがつづくあいだ、くきの中にたくわえておいた水分で生きていこうというわけです。

植物にとって、もっともたいせつな葉を、とげにかえたサボテンは、どこで栄養分をつくっているのでしょう。それはくきの表面です。葉緑素も、④気孔も、くきの表面にあります。

気孔は、栄養分をつくるのに必要な、二酸化炭素をとりいれます。また酸素もとりいれて、呼吸作用をおこなったり、

ア　そこで　　イ　また
ウ　しかし　　エ　つまり

問四　――線③「からだの形をかえて、生きつづけてきた」とありますが、サボテンはどのように形をかえたのですか。次のように二つにまとめたとき、（　）に当てはまる言葉を、文章中から書きぬきなさい。

・くきの中の水分ができるだけ外ににげださないように、
(1)（　　）を(2)（　　）にかえた。

・少しでも多く水分をすいあげ、たくわえておけるように、
(3)（　　）を太くした。

ヒント　「〜にかえ」「〜を太く」といった言葉に注目する。

問五　――線④「気孔」とありますが、サボテンの気孔にはどんな特徴がありますか。最もよいものを次から選んで、記号を書きなさい。

ア　二酸化炭素をとりいれて、酸素をはき出している。
イ　入り口がくぼんでいるので、水分が蒸散しやすい。
ウ　気孔の数が、ほかの植物よりたいへん多い。
エ　水分の蒸散する量が、とても少ない。

ヒント　最後の二段落の内容をとらえる。

ハイレベル 深めよう

答え 21ページ

1 次の文章を読んで、問題に答えなさい。

みなさんはおふろにつかったとき、からだが軽くなったように感じたことがあるでしょう。①それは水のなかにつかっているものは、どんなものにでも浮力がはたらくからです。海中のウミガメは、浮力のおかげで重さが陸上にいるときよりずっと軽くなります。でも、もともとウミガメはとても重い動物です。浮力のはたらかない陸ではからだが重くてなりません。海のなかでは便利なひれ足も、陸上で歩くには不便で、活動するには不自由です。海から上がってたまごをうむとなると、外敵から自分やたまごをまもる方法もなければ、すばやくにげることもできません。

産卵をひかえたメスは、日中は海中を泳いでいたり、岩場にからだをつけて休んだりしていますが、夜になると用心深く安全をたしかめながら、砂浜に上陸してきます。産卵にとりかかるのです。

②アカウミガメだと、左右のうしろ足をかわりばんこにシャベルのように使って、直径二十cm、深さ六十cmくらいの穴をほり、そのなかにたまごをうみます。うみおわると、今度は前足で砂をかけたり、うしろ足でふみかためたりしながら、穴をうめていき、すっかりうめもどせたら、海にもどっ

問一 この文章では、何が話題になっていますか。文章中の言葉を書きぬきなさい。

ウミガメの［　　］。

問二 ――線①「それ」は、どんなことを指していますか。

（　　　　）こと。

問三 ――線②「アカウミガメ」についての説明として最もよいものを次から選んで、記号を書きなさい。

ア 穴のなかに、一回あたり一一〇個ぐらいたまごをうむ。
イ たまごをうんだ穴には何も手を付けずに、海に帰る。
ウ 前足とうしろ足を使って、たまごをうむ穴をほる。
エ 夏の間、十二回から十五回、たまごをうむ。

［　］

問四 ③に当てはまる言葉を次から選んで、記号を書きなさい。

ア すると　イ ところが
ウ ただし　エ では

［　］

学習した日　月　日

ていきます。

アカウミガメが一回に産卵するたまごの数は一一〇個ほど。一頭のメスは、十二日から十五日ごとに上陸し、産卵します。多いウミガメで夏の産卵期に六回ぐらいたまごをうむようです。

③、ウミガメは危険をおかしてまでどうして陸にたまごをうむのでしょう。

ウミガメは、陸上で生活できるように進化してきた、は虫類のなかまです。は虫類はかわいた場所でも、からだのなかの水分が外へ出ていかないように、じょうぶなウロコのような「ひふ」でからだをおおっています。たまごも、水中にうむ魚類やカエル、イモリといった両生類のものとちがい、鳥類のたまごのように「から」につつまれています。たまごの中身がかわかないようにするためです。④海でくらすようになっても、陸での生活のなごりがのこっています。そのため、魚類は一生を水のなかですごすために、水にとけこんだ酸素をエラからとりこんで呼吸できますが、ウミガメにはできません。たまごも同じです。ウミガメのたまごは、からを通して息をしており、水中だと息ができずに死んでしまうのです。

このようなわけで、⑤ウミガメは一生の大部分を海でくらすようになった今でも、たまごだけは陸にうみに来るのです。

〈香原知志「ウミガメの旅」による〉

問五 ——線④「海でくらすようになっても、～のこっています。」とありますが、どういうことですか。最もよいものを次から選んで、記号を書きなさい。

ア ウミガメは、水中でたまごをうめるように進化しても、陸上にたまごをうむということ。

イ ウミガメは、陸上での生活に適応したは虫類なので、完全に水中でくらすからだにはなっていないということ。

ウ ウミガメは、陸上でくらすときと同じように呼吸をしても、水中で何の不都合もないということ。

エ ウミガメは、陸上でくらすのに必要な「ひふ」の特徴を、水中でも生かしているということ。

問六 ——線⑤「ウミガメは～たまごだけは陸にうみに来るのです」とありますが、なぜですか。三十字以内で書きなさい。

12 段落関係

標準レベル

確かめよう

答え 22ページ

1 次の文章を読んで、問題に答えなさい。

[1] 赤ちゃんに服を着せることを考えれば、かんたんにわかりますが、人は「ある時期」になるまでは、①「親の着せかえ人形」だといわれています。ところが、その状態を子どもたちの側から見ると、服を他人（親をふくむ）のために着て（あげて）いることになるのです。

[2] そもそも人が成長する過程で、「ある時期」以前に着る服は、すべて他人のために着ているといってもいいすぎではありません。

[3] 赤ちゃんには、自分のために服をえらんで着る能力はありません。ちいさい子もおなじです。幼稚園や保育園の制服は、自分のために着るものではありませんね。

[4] 夏の暑い日、ほんとうは、はだかでいたい子どもが服を着て学校にいくのも、他人のためにしているこ

問一 ――線①「親の着せかえ人形」とは、どういうことですか。最もよいものを次から選んで、記号を書きなさい。

ア 子どもは、親が着たかった服を着せられているということ。

イ 子どもは、親と同じ服をいやいや着せられているということ。

ウ 子どもは、親がえらんだ服を言われるままに着ているということ。

エ 子どもは、服を着るのを親に手伝ってもらっているということ。

ヒント 「着せかえ人形」の意味から考える。

問二 [3]の最初に接続語を入れるとすると、どれが最もよいですか。次から選んで、記号を書きなさい。

ア さらに

イ あるいは

ウ また

エ たとえば

ヒント 「赤ちゃん」や「ちいさい子」は具体例である。

知っトク！ポイント 6ページ

学習した日　月　日

となのです。

5 ②おとなでもおなじことです。ほんとうは、パンツ一まいで仕事ができれば快適なのに、きちんと服を着てネクタイまでむすぶ。まさに他人のために服を着ているといえるでしょう。

6 「③うちの子どもは小学校の終わりぐらいから、とつぜんおしゃれをしだした」と感じる親がたくさんいます。

7 この、子どもがとつぜんおしゃれになるのは、おとながよぶ④「思春期」という時期です。これが右の話の「ある時期」にあたります。このころはだれでも、自分が他人の目にどううつるか、とても気になるといわれています。

8 人は思春期になると、子どもから脱却しようとして、いろいろなことをやりだします。

9 子どもと見られ、あつかわれることに抵抗をしたり、子どもとしてひとくくりにされることをいやがったりします。また、ひとりの人間としての自分を主張する子もいます。

10 たいていの子は、外見をつぎからつぎへとおとなっぽくかえようとします。そして、だれもが服やかっこうを気にするのです。

〈稲葉茂勝「服とコミュニケーション」による〉

問三 ――線②「おとなでもおなじことです。」とありますが、どんなことが「おなじ」なのですか。

（　　　　）

問四 ――線③「うちの子どもは小学校の終わりぐらいから、とつぜんおしゃれをしだした」とありますが、「小学校の終わりぐらい」の子どもが「おしゃれ」を始めるのは、なぜですか。7の言葉を使って書きなさい。

（　　　　）

問五 ――線④「思春期」に、子どもはどんなことをいやがるようになりますか。文章中から二つ書きぬきなさい。

（　　　　）

（　　　　）

問六 この文章を大きく二つに分けるとすると、後半は「思春期」についての話になります。後半はどの段落から始まりますか。段落の番号を書きなさい。

□

ハイレベル 深めよう

答え 23ページ

1 次の文章は、焼畑で生活する中国のリー族について説明したものです。これを読んで、問題に答えなさい。

[1] 焼畑というのは、山の斜面の木を切って集め、①それを焼いて木のないところを畑にする。焼く前までの林が落ち葉などでたくわえた地力を栄養にして作物をつくる。だから、数年その畑で作物をつくると地力は落ちてしまい、作物ができなくなる。するとそこを捨てて、新しいところを焼畑にする。放置されたところは、何十年もするとまた森になる。これを繰り返す。

[2] ②この焼畑は、一見すると森林を破壊しているようにみえる。けれども、それはちがう。

一人の人が、最初にかりに一〇アールの焼畑を二〇筆＊つくったとしよう。四年間作物を作り続けて、五年後また新たに焼畑を二〇筆つくる。そして使わなくなった焼畑は二〇年で森が回復するとしよう。これを繰り返すと、五回焼畑を新たに作るとちょうど二〇年になる。六回目のときは最初に開墾したところが二〇年経っていて、森が回復している。つぎの七回目のときは二回目のところが森になっていて、そこが使える。

[3] つまり、この人はいつも使う二〇〇アールの焼畑のため、その五倍の一〇ヘクタールの山の斜面が必要である。でもこれを直すのはむずかしい問題である。中国の政府は、これ以上の森林の破壊を防ぐために焼畑を増やすことを禁止している。でも、生活水準は下げるわけにはいかない。世界中の焼畑でこうしたことが起きている。

〈篠原徹「自然とつきあう」による〉

＊筆…土地の区画。

問一 ——線①「それ」は、何を指していますか。

（　　　　）

問二 ——線②「この焼畑は、～けれども、それはちがう。」とありますが、なぜですか。最もよいものを次から選んで、記号を書きなさい。

ア 常に一定の面積の焼畑や森林しか必要としないうえ、使わなくなった焼畑を放置してまた森林にもどすから。

イ 新しい場所に焼畑をつくるのは数十年に一度だけであり、一度に大量の森林を必要とするわけではないから。

ウ 焼畑をつくるときに必要とされる森林の面積は、政府によってきちんと決められているから。

エ 焼畑を耕して、落ちた地力を回復させることができるから。

［　　］

学習した日　月　日

れを守るかぎり、このなかで畑は循環するのだから、不必要に森林を破壊しているわけではないことになる。

4 でも、いまこの焼畑に大きな変化が起きている。もっとたくさんの焼畑が必要になるのは、どういう変化がリー族の社会に起きたのだろうか。人口増加が起これば、当然焼畑の面積はもっと必要になるのは、前に述べたことからわかると思う。じつは、このことも起きているが、もっと深刻なことが起きている。

5 それは、③焼畑につくる作物の種類が変わってきたからである。いままではこの焼畑でつくるものは、自分たちで食べるものが中心であった。しかし、テレビやオートバイなどがあたりまえの生活になって、現金が必要になってきた。病院や学校に行くのにお金がかかる。だから、焼畑にはバナナやリュウガンやマンゴーなどの売れる作物を植えるようになってきた。

6 そうすると、もっとお金が必要になれば、二〇年待って前のところをもう一度焼畑にするほどの余裕がなくなってくる。④半分くらいの年数でそこを使う。地力もまだ回復していない。それに、こうした果物は樹木だから、苗木を買ってこないといけない。いい果物を作るため肥料も必要である。それにはお金がまた必要になる。それでまた⑤焼畑の面積を増やす。

7 こうした悪循環は、リー族の人もわかっている。でも、

問三 ——線③「焼畑につくる作物の種類が変わってきた」とありますが、何から何に変わったのですか。

（　　　　）

（　　　　）

問四 ——線④「半分くらいの年数でそこを使う。」、⑤「焼畑の面積を増やす」とありますが、このようなことが起きるのは、なぜですか。「リー族の生活が変わって、～」に続けて、十五字以内で書きなさい。

リー族の生活が変わって、

問五 次の問題に答えなさい。

(1) この文章を大きく二つに分けるとすると、後半はどこからになりますか。段落の番号を書きなさい。

(2) (1)で分けた後半の話題は何ですか。

（　　　　）

13 要旨と要約

標準レベル

答え 24ページ

知っトク！ポイント 6ページ

学習した日　　月　　日

1 次の文章を読んで、問題に答えなさい。

[1] ふとっていてもやせていても、からだを動かしている心臓や胃、肝臓などの大きさや重さは、あまりちがいません。

[2] ふとっているかどうかをきめるのは、からだの脂肪の量のちがいです。脂肪が多すぎて、健康上の害がでてくると、肥満になります。

[3] 食物は、からだの中でこなごなになって、それにふくまれている脂肪、炭水化物、たんぱく質が燃えて熱を出します。その熱が体温を保ったり、運動をするときのエネルギーのもとになります。

[4] このとき、①あまったエネルギーは、脂肪にすがたをかえ、からだの中にたくわえられるのです。食べ物が食べられないことがあってもだいじょうぶなように、生物として獲得してきた生きるためのからだのしくみです。

[5] 脂肪はエネルギーを出すだけでなく、ほかにも、いろいろなはたらきをしています。

[6] たとえば、脂肪のうすい膜で内臓をつつんでささえる

問一　ふとっている人とは、どのような人だといえますか。

（　　　　　　）

！ヒント　[2]の内容に注目する。

問二　——線①「あまったエネルギーは、脂肪にすがたをかえ、からだの中にたくわえられる」とありますが、それは何のためですか。

(1)（　　　　）が食べられないときに、脂肪から(2)（　　　　）を出すため。

問三　脂肪についての説明として、当てはまらないものを次から選んで、記号を書きなさい。

ア　脂肪が多すぎると、健康上の害がでてくる。
イ　脂肪がからだの中で燃えるときに、熱が出る。
ウ　健康を保つには、脂肪はできるだけ少ないほうがよい。
エ　脂肪の膜には臓器の位置を安定させる役割がある。

□

クッションのような役割もしています。そうすることによって、それぞれの臓器は位置が安定し、そのはんいで自由に動くことができます。

7 だから、わたしたちのからだにとって、脂肪はだいじな成分なのです。でも、多すぎると健康を害するので、ちょうどよい脂肪の量をたくわえておくことがたいせつです。

8 ちょうどよいたくわえが必要なのは、脂肪だけではありません。②わたしたちが、からだをつくったり、からだのはたらきをすすめるために必要ないろいろな成分にも、たくわえが必要です。

9 わたしたちは、食物を食べ、消化し、その中の成分を吸収して利用しています。一方で、不要になったものを尿や便や汗として排泄し、生きているのです。このいとなみを「栄養」といいます。そして、このとき役に立つ成分を「栄養素」とよびます。

10 成長し、活動し、元気に生きていくためには、必要な栄養素を、じょうずに組み合わせて、食べることがたいせつです。健康な生活をするために、活発な栄養のいとなみをすること。そのために、十分な栄養素をうまくとりこみ、ちょうどよい量をたくわえておくことが必要になります。

〈足立己幸「からだの中の栄養」による〉

問四 ——線②「わたしたちが、からだをつくったり、からだのはたらきをすすめるために必要ないろいろな成分」のことを何といいますか。文章中から三字で書きぬきなさい。

問五 この文章を大きく二つに分けるとすると、後半はどこからになりますか。段落の番号を書きなさい。

ヒント 前半は脂肪について、後半はまとめを述べている。

問六 筆者は、健康な生活を送るためにはどんなことがたいせつだと述べていますか。最もよいものを次から選んで、記号を書きなさい。

ア 必要な栄養素をじょうずにとり入れて、ちょうどよい量をたくわえておくこと。

イ 栄養素のとりすぎによってふとりすぎないように、適度な運動をすること。

ウ どの栄養素がどんな働きをするかを理解して、規則正しい食生活を送ること。

エ 食物からとる脂肪を少なくして、からだにあまり脂肪がつかないようにすること。

ハイレベル ✦✦✦ 深めよう

答え 25ページ

1 次の文章を読んで、問題に答えなさい。

もう何十年も前から、日本は、ごみが多すぎて、すてる場所にこまっていました。そのために、山をけずってうめたり、海をうめたてたりしてきたのです。

ごみの中には、野菜の皮やしん、魚のほねや、食べのこしなど、生ごみもたくさんふくまれています。

（そうだ、生ごみを土にもどせば、そのぶん、ごみがへるぞ）

吉田さんは、最初はそんな気持ちから、堆肥のかわりに生ごみを使ってみたのでした。

ところが、じっさいに生ごみを入れた土で野菜をつくってみると、おどろくほど野菜がりっぱに育ちました。葉が大きくて、緑がこく、無農薬なのに虫もつきません。そして、とてもおいしいのです。

（どうしてだろう）

いろいろ考えてみると、思い当たることが、ひとつありました。

生ごみの中には、たくさんの野菜くずがふくまれています。しかも、そのほとんどは、栄養がいっぱいの皮や根や生長点*です。

（そうか、①野菜のいちばん元気なところが、生ごみに入っているからだ。それを土にかえすことで、元気な野菜が育つに

←

いことなんだろう！）

吉田さんは、それから、多くの幼稚園・保育園や小学校で、「菌ちゃん*野菜のつくり方」を教えるようになったのです。

〈あんずゆき「菌ちゃん野菜をつくろうよ！」による〉

*生長点…植物の根やくきの先にある新しい細胞のできるところ。

*菌ちゃん野菜…菌の力を利用して作った土で育てた野菜。

問一 吉田さんが、最初に堆肥のかわりに生ごみを使ったのは、どうするためでしたか。

（　　　　）

問二 ――線①「野菜のいちばん元気なところ」とは、どこですか。

（　　　　）

問三 ② に当てはまる言葉として最もよいものを次から選んで、記号を書きなさい。

ア ところが　イ あるいは

ウ なぜなら　エ そこで

［　　］

問四 吉田さんは、――線③「緑色」はどのようなことを表していると考えましたか。「〜ということ。」に続くように、

学習した日　月　日

40

ちがいない）
②吉田さんは、生ごみを入れた土でつくった野菜が、ほんとうに元気かどうか、実験をしてみました。

１　自分がつくったナスと、お店で売っているナスを、それぞれ一センチメートルはばの輪切りにする。

２　輪切りにしたものをいくつか、お皿にのせて、ラップをかける。

３　そのまま、冷蔵庫に入れずに一週間おく。

４　一週間後にくらべる。

この実験で、一週間たつと、お店で売っていたナスは、もうくさっていました。ところが、生ごみを入れた土で育ったナスは、くさるどころか、変色もしていません。さらに、実の白い部分が、③緑色がかっています。

吉田さんは、その強さに、びっくりしました。

（くさるのは、その野菜が生きることをあきらめたってこと。ぎゃくに、うすい緑色が出てくるのは、生きようと、がんばっているしょうこ。つまり、野菜に生命力があるってことだ。すてられるはずだった生ごみが菌の力で土にかえって、また新しい野菜を育む。それも、こんなにも元気な野菜を……。そして、その生命力をわたしたちがいただくんだ。④いのちがそんなふうにつながっていくなんて、なんてすばらし

文章中から九字で書きぬきなさい。

□□□□□□□□□

ということ。

問五　――線④「いのちがそんなふうにつながっていく」とありますが、ここでは、何のいのちのつながりについて書かれていますか。当てはまらないものを次から一つ選んで、記号を書きなさい。

ア　地中の小動物　**イ**　人間
ウ　生ごみの野菜　**エ**　新しく育つ野菜

□

問六　この文章の要旨として最もよいものを次から選んで、記号を書きなさい。

ア　生ごみを土にかえして育てた野菜からは、生ごみのにおいが全くしない。

イ　生ごみを堆肥がわりに使うと、かなりの量のごみをへらすことができる。

ウ　菌には生ごみを土にかえして元気な野菜を育む、すばらしい力がある。

エ　生ごみをへらすためには、野菜の皮や根を使う料理方法を考える必要がある。

□

時間 30分　得点　点　答え 26ページ

学習した日　月　日

1 次の文章を読んで、問題に答えなさい。

[1] エアコンなどの機械にたよらないで夏のむし暑さを解消する方法として、①パッシブ空調があります。庭の植木などを通りぬけてくる風は、ひんやりと心地よく肌を冷やしてくれます。暑いとき、庭に打ち水をすると、*気化熱でまわりの温度が下がります。自然の涼しい風を部屋にとりこむことで、部屋の温度は下がります。

[2] もともと日本の家は、木の柱と柱の間にガラス戸や障子をはめこんで、大きな開口をつくり、縁側をつけるつくりでした。夏には庭に打ち水をして、涼しくなった風が庭木のよい香りを部屋に運んできます。まさに自然の冷房です。

[3] 日本では、がまんできないほど暑い日があります。そんなときは、やはりエアコンのお世話になります。しかし、ただ部屋を冷やすばかりでは、健康をそこないますし、電気エネルギーも消費します。②家の冷房はパッシブ空調を基本とし、ときどきエアコンを使うようにするとよいでしょう。

[4] 日本の伝統的な家は、冬は日があたると、大きな開口から日がさしこんで部屋のなかが暖かくなります。でも、天気が悪いととても寒く、暖房してもその大きな開口から部屋の

問一 ――線①「パッシブ空調」とは、どうすることですか。最もよいものを次から選んで、記号を書きなさい。〔5点〕

ア 暖房は機械にたより、冷房は自然にたよること。
イ 機械を使わず、自然を利用して温度を調節すること。
ウ 機械の改良を進めて、温度を調節すること。
エ 機械と自然を両方使い、温度を調節すること。

問二 ――線②「家の冷房は～使うようにするとよいでしょう。」とありますが、筆者が「パッシブ空調」をすすめるのは、なぜですか。四十字以内で書きなさい。〔10点〕

問三 ［③］に当てはまる言葉として最もよいものを次から選んで、記号を書きなさい。〔5点〕

暖気が逃げやすいという弱点があります。

5 [③]、冬に少しでも部屋の温度を下げないようにし、すきま風が入らないようにするために、窓をより小さくして気密性を高め、壁には断熱材を使うやり方が普及するようになりました。

6 しかし、これでは部屋の空気がよどみがちになり、健康を害することがあります。また、暖房の設備によって、部屋の温度を高くするだけでは、健康に暮らすことはできません。窓を開けたり、換気扇による適度な空気のいれかえが必要になります。

7 一方北欧では、冬には気温が摂氏マイナス三十度以下になることがありますが、そんなときでも、夜寝るときは窓を少し開けておくそうです。北欧の家は、家の壁や床がれんがや石でつくられているため、それらが熱をたくわえ、室内の温度が大きく下がることはありません。

8 一般に、家全体を暖めるセントラル・ヒーティング*を入れていますが、就寝中に冷気にふれるととても気持ちがよいといいます。真冬でも毎日、赤ちゃんは外で昼寝をさせるといいます。

9 れんがや石でつくられた高気密、高断熱の家は、軒下に

ア そして　イ そこで
ウ しかし　エ なぜなら

[　]

問四 次の問題に答えなさい。

(1) 次から、あ＝日本の伝統的な家、い＝日本の現在の家の説明として最もよいものをそれぞれ選んで、記号を書きなさい。　一つ5〔10点〕

ア 天気に関係なく、冷房が効くようになっている。
イ 大きな開口をつくり、通気をよくしている。
ウ すきま風を防ぎ、温度を下げないようになっている。
エ 夏は開口を大きくし、冬は開口を小さくしている。

あ[　]　い[　]

(2) 次から、あ＝日本の伝統的な家、い＝日本の現在の家の欠点の説明として最もよいものをそれぞれ選んで、記号を書きなさい。　一つ5〔10点〕

ア 空気が逃げやすいため、部屋が暖まりにくい。
イ 空気が逃げるので、冷房は効くが、暖房は効かない。
ウ 通気が悪いので、空気がよどみやすい。
エ 気密性が高く、空気のいれかえがむずかしい。

あ[　]　い[　]

開けた小さな穴を通して、外の空気を室内にとりこむようにつくられています。冬には、外の空気がその穴を通って室内に入ってくる間に、室内の暖かい空気と熱交換されますから、室内の熱損失はあまりありません。

10 ④このしくみによって、窓が密閉されていても、自然に、いつでも、外の空気が入ってくるので、つねに室内は清浄にそして暖かくたもたれます。これが、就寝中に窓を少し開けていても、適度に冷気にふれることができて、快適に寝られる秘密なのです。

11 東南アジアやアフリカなどの暑い地域では、高床式にしたり、窓にガラリ*をつけるなど、ほとんどの家でパッシブ空調をとりいれています。

12 家をつくるとき、地域の気候や風土に合った材料を使いたいものです。静岡県天竜の杉や、岩手県遠野の赤松、栃木の大谷石など、日本には地域特有の材料（地場産材料）があります。

13 これらは、それぞれの地域の人たちにとって身近な材料で、しかも、それぞれの地域で大量に手に入れることができます。地域のだれもが、加工方法や使い方をよく把握していますし、いたんだときも交換が容易です。安心して使うことができ、埋もれてしまった地域の伝統的な技術を発掘するこ

問五 ――線④「このしくみ」について、次の問題に答えなさい。

(1)「このしくみ」とは、どんなしくみですか。〔10点〕

（　　　　　　　　）

(2)「このしくみ」によって、室内はどんな状態になりますか。十字以内で書きなさい。〔10点〕

□□□□□□□□□□

問六 12・13をひとまとまりと考えたとき、この部分の要点がまとめられているのは、どの一文ですか。その一文の初めの五字を書きぬきなさい。〔10点〕

□□□□□

問七 ――線⑤「かつて日本では、屋根にわらやかやを使いました」とありますが、この利点に当てはまらないものを次から一つ選んで、記号を書きなさい。〔5点〕

ア 水分を多くふくんでいるので、燃えにくい。

イ 雨にぬれても、囲炉裏の熱で自然にかわく。

ウ 空気の層があるので、断熱材になる。

エ 囲炉裏の煙で小虫の害を防ぐことができる。

とにもなります。

14 ⑤かつて日本では、屋根にわらやかやを使いましたが、これらは空気をふくんでいるので、断熱材としても効果がありました。私たちは冬にセーターを着ますが、セーターには空気の層があるので暖かいのです。断熱材は、これと同じです。わらやかやは雨にぬれても、囲炉裏の熱で自然に乾燥しますし、その煙でいぶされるので、小虫の害を防ぐことができます。

15 楠は虫の害を受けにくいし、檜は水に強いので風呂場に使います。

16 ヨーロッパで石造りの建物が多いのは、石が身近な建築材料だからなのです。

17 自然をとりいれた建築をつくるために、私たちが昔からもっている、このような知恵を、これからの家づくりに生かすことを考えたいですね。

〈樫野紀元「建築家になろう」による〉

＊気化熱…液体が気体になるときに、周りからうばう熱。

＊セントラル・ヒーティング…建物の一か所に設けた熱源装置で建物全体を暖めるしくみ。

＊ガラリ…細長くうすい板を何まいも、一定の間を空けてななめに取りつけたもの。

問八 次の(1)~(3)の話題について書かれているのは、どの段落ですか。全て選んで、段落の番号を書きなさい。 完答一つ5〔15点〕

(1) 東南アジアやアフリカの家の工夫

(2) 北欧の家の工夫

(3) 気候や風土に合った材料を使う家づくり

(1)

(2)

(3)

問九 この文章の全体を通して話題になっていることとして最もよいものを次から選んで、記号を書きなさい。〔10点〕

ア 夏と冬の家のちがい

イ 変わりゆく日本の建築

ウ 自然をとりいれた家づくり

エ 北欧に学ぶ家づくり

14 表現のくふう

標準レベル

答え 27ページ

知っトク!ポイント 7ページ

学習した日　月　日

1 次の詩を読んで、問題に答えなさい。

青い青い秋ですよ　　阪田寛夫

ぶどうの実のなる　ぶどうの木
りんごの実のなる　りんごの木
①ざんざら風も　ふいとくれ
②青い青い秋ですよ
秋ですよ

くるみの実のなる　くるみの木
かりんの実のなる　かりんの木
ざんざか雨も　ふっとくれ
青い青い秋ですよ
秋ですよ

問一　作者は、秋のどんなところに注目していますか。最もよいものを次から選んで、記号を書きなさい。

ア　紅葉するところ。　イ　実がなるところ。
ウ　寒いところ。　エ　雨が多いところ。　□

問二　――線①「ざんざら風も　ふいとくれ」について、次の問題に答えなさい。

(1) 対句になっている部分を、詩から一行で書きぬきなさい。

（　　　　）

(2) この表現から、何が読み取れますか。最もよいものを次から選んで、記号を書きなさい。

ア　天気の不安定さ。　イ　かわいた空気。
ウ　木の強い生命力。　エ　実のたよりなさ。　□

ヒント「ふいとくれ」といえるのは、風がふいても平気だからである。

問三　――線②「青い青い秋ですよ」とありますが、「青い」は何のどんな様子を表していると考えられますか。最もよいものを次から選んで、記号を書きなさい。

ア　海の広々とした様子。　イ　川の清らかな様子。
ウ　空の青くすんだ様子。　エ　空のうす暗い様子。　□

2 次の詩を読んで、問題に答えなさい。

にじ色の魚

村野四郎

①今年も夏が来たら
また　母の里のいなかへ行こう
大きい麦わらぼうしをかむり
ヒグラシの鳴く森かげを通って
②あの川へ
あの魚をとりに行こう

なんという魚なのか
その名は知らない
③はらも　ひれも　きれいなにじ色
わたしの思い出の中を
いつも　ゆらゆら泳いでいた魚

④今年も夏が来たら
また　一人でとりに行こう
あの川へ
あのにじ色のゆめの魚を

問一　――線①「今年も夏が来たら」、②「あの川へ」は反復されていますが、作者のどんな気持ちを表していますか。最もよいものを選んで、記号を書きなさい。

ア　なじみのある川へ行く安心した気持ち。
イ　魚の名を特定しようと意気ごむ気持ち。
ウ　夏になり川へ行くのを待ち望む気持ち。
エ　今年の夏に川へ行けるか心配する気持ち。

□

問二　――線③「はらも　ひれも　きれいなにじ色」、④「また　一人でとりに行こう／あの川へ／あのにじ色のゆめの魚を」に使われている表現技法として最もよいものをそれぞれ選んで、記号を書きなさい。

ア　対句法　　イ　倒置法
ウ　体言止め　エ　擬人法

③□　④□

問三　にじ色の魚は何を表していると考えられますか。最もよいものを次から選んで、記号を書きなさい。

ア　一人で夏休みを過ごすさびしい身の上。
イ　自然にふれることで増えていく知識。
ウ　美しい魚をとろうとする人間の勝手さ。
エ　川で魚をとって遊んだ楽しい思い出。

□

!ヒント「思い出の中を」「いつも……泳いでいた」に注目する。

ハイレベル

深めよう

答え 27ページ

1 次の詩を読んで、問題に答えなさい。

あかとんぼのりぼん

高木あきこ

①頂上は　あそこ
石ころだらけの広い斜面を
あえぎながら　のぼっていく
スニーカーの　つま先を見つめて

立ちどまって　汗をぬぐうと
つよい風がふきあげてきた
つめたい霧がながれてくる

とつぜん　②幻のようにあらわれた
何百匹ものあかとんぼの群れ
風にふかれて　上へ上へ
一本のふとく赤いすじとなって
まるで　地上と天をむすぶ美しいりぼん
あかとんぼ　あかとんぼ

学習した日　月　日

問四 第一連では、何をしているところがえがかれていますか。

（　　　　　　　　）

問五 ——線①「石ころだらけの広い斜面を～スニーカーのつま先を見つめて」、②「幻のように」、③「上へ上へ」、④「いのちのりぼん」に用いられている表現技法として最もよいものをそれぞれ選んで、記号を書きなさい。

ア 直喩　**イ** 隠喩　**ウ** 反復法　**エ** 倒置法

①［　　］　②［　　］　③［　　］　④［　　］

問六 ——線⑤「だれも　口をきかず／あかとんぼのゆくえを目で追っていた」とありますが、だれも口をきかなかったのはなぜですか。最もよいものを次から選んで、記号を書きなさい。

ア つかれていて、何も話す元気がなかったから。
イ 空気がよごれていて、口を開けたくなかったから。
ウ おどろきと感動で言葉が出てこなかったから。
エ 大量のあかとんぼにおそろしさを感じていたから。

［　　］

風にのって　風にあおられ
③上へ上へ　空へ空へ
すきとおる　うすい羽
④いのちのりぼん
⑤だれも　口をきかず
あかとんぼのゆくえを　目で追っていた
霧がながれる山の斜面に
⑥打ち込まれた杭になって

問一　この詩は、何連からできていますか。漢数字を書きなさい。

（　　）連

問二　この詩の形式として正しいものを次から選んで、記号を書きなさい。

ア　文語定型詩　**イ**　文語自由詩
ウ　口語定型詩　**エ**　口語自由詩

□

問三　この詩でえがかれているのは、いつの季節ですか。

（　　）

問七　⑥に当てはまる言葉として最もよいものを次から選んで、記号を書きなさい。

ア　ぴしっと　**イ**　ふんわりと
ウ　さらっと　**エ**　ぽつんと

□

問八　詩の中に出てくる何を「りぼん」にたとえていますか。二つ書きなさい。

（　　）（　　）

問九　この詩の特徴を説明したものとして、最もよいものを次から選んで、記号を書きなさい。

ア　山のどっしりとした感じとあかとんぼの軽快さを、擬態語を多用して対比している。
イ　あかとんぼの群れの美しさに覚えた感動を、比喩を多用して表している。
ウ　あかとんぼの命のはかなさを、呼びかけを多用して表している。
エ　あかとんぼの群れが移動する力強さを、問いかける表現を多用して表現している。

□

チャレンジテスト　6章　詩をきわめる

時間 20分　得点　点　答え 28ページ

学習した日　月　日

1 次の詩を読んで、問題に答えなさい。

木　田村隆一

木は黙っているから好きだ
木は歩いたり走ったりしないから好きだ
木は愛とか正義とかわめかないから好きだ

ほんとうにそうか
ほんとうにそうなのか

①見る人が見たら
木は囁いているのだ　ゆったりと静かな声で
木は歩いているのだ　空にむかって
木は稲妻のごとく走っているのだ　地の下へ
木はたしかにわめかないが
木は
愛そのものだ　それでなかったら小鳥が飛んできて
枝にとまるはずがない
正義そのものだ　それでなかったら地下水を根から吸いあげて

←

問三　第一連で作者が言いたいのはどんなことですか。(1)は考えて書き、(2)は詩の中から書きぬきなさい。　一つ5〔10点〕

木は、(1)（　　　　）とちがって、話したり歩いたり愛とか正義とかわめかないから(2)（　　　　）ということ。

問四　第三連で用いられている表現技法として合わないものを次から一つ選んで、記号で答えなさい。　〔10点〕

ア　倒置法　　**イ**　擬人法
ウ　対句法　　**エ**　体言止め

問五　第三連で用いられている直喩の表現を、六字で書きぬきなさい。　〔10点〕

問六　——線①「見る人が見たら」とありますが、どんな人を指していると考えられますか。最もよいものを次から選んで、記号を書きなさい。　〔15点〕

空にかえすはずがない
若木
老樹
②ひとつとして同じ木がない
ひとつとして同じ星の光りのなかで
目ざめている木はない

木
ぼくはきみのことが大好きだ

問一　この詩は何連からできていますか。漢数字で書きなさい。〔10点〕

（　　　）連

問二　この詩の形式として正しいものを次から選んで、記号を書きなさい。〔10点〕

ア　文語定型詩　　イ　文語自由詩
ウ　口語定型詩　　エ　口語自由詩

□

ア　観察力にすぐれ、小さな変化にもよく気が付く人。
イ　木と向き合って、じっくりと考えることができる人。
ウ　木の生態にくわしく、木の状態がわかる人。
エ　知識をもち、豊富な経験を積んできた人。

□

問七　――線②「ひとつとして同じ星の光りのなかで／目ざめている木はない」が表していることとして、最もよいものを次から選んで、記号を書きなさい。〔15点〕

ア　それぞれの世界をもっているということ。
イ　ねむっているようにじっとしているということ。
ウ　周りのことを何も感じていないということ。
エ　どれも同じような環境だということ。

□

問八　作者の気持ちが最もよく表れている部分を、詩から一行で書きぬきなさい。〔10点〕

（　　　）

問九　木はどんなものとしてえがかれていますか。最もよいものを次から選んで、記号を書きなさい。〔10点〕

ア　生存競争の頂点に立ち、おそれるもののないもの。
イ　エネルギッシュで、ほかの生き物を寄せ付けないもの。
ウ　静かで、ほかの生き物に対してやさしいもの。
エ　目立たないが、ほかの生き物よりすぐれたもの。

□

15 短歌・俳句の表現

標準レベル

答え 29ページ

知ってトクポイント 7ページ

学習した日　月　日

1 次の短歌を読んで、問題に答えなさい。

あ 金色のちひさき鳥のかたちして
　銀杏①ちるなり夕日の岡に　与謝野晶子

い ゆく秋の大和の国の薬師寺の
　塔の上なる一ひらの雲　佐佐木信綱

う ②草わかば色鉛筆の赤き粉の
　ちるがいとしく寝て削るなり　北原白秋

問一 あの短歌に使われている表現技法を次から選んで、記号を書きなさい。

ア 擬人法　イ 倒置法
ウ 省略法　エ 体言止め

□

ヒント 語順に注目する。

問二 ――線①「銀杏」の葉の形は、何にたとえられていますか。短歌の中から書きぬきなさい。

（　　　）

問三 いの短歌について、次の問題に答えなさい。

(1) この短歌でくり返されてリズムをつくっているのは、どの音ですか。短歌の中から書きぬきなさい。

（　　　）

(2) この短歌の特徴として最もよいものを次から選んで、記号を書きなさい。

ア 広い視点からしぼりこみ、高い視点へと転じている。
イ 三句切れで、雲の美しさを印象づけている。
ウ 枕詞を使って秋のさびしい情景を表している。
エ 故郷の美しさを倒置法で強調している。

□

問四 うの短歌について、次の問題に答えなさい。

(1) 句切れとして正しいものを次から選んで、記号を書きなさい。

ア 初句切れ　イ 二句切れ
ウ 三句切れ　エ 句切れなし

□

(2) ――線②「草わかば」は緑色です。これと対比されているのは、何のどんな色ですか。

（　　　）

ハイレベル　深めよう　答え29ページ

❶ 次の俳句を読んで、問題に答えなさい。

あ をりとりてはらりとおもきすすきかな　飯田蛇笏
い いくたびも雪の深さを尋ねけり　正岡子規
う 外にも出よ触るるばかりに春の月　中村汀女

問一 あ、い、うの俳句の季語と季節を書きなさい。
あ 季語（　　）季節（　　）
い 季語（　　）季節（　　）
う 季語（　　）季節（　　）

問二 あの俳句で、作者はどんなことにおどろいていますか。
（　　）

問三 いの俳句について、次の問題に答えなさい。
(1) 用いられている切れ字を書きぬきなさい。
（　　）
(2) 作者のどんな気持ちが表れていますか。最もよいものを次から選んで、記号を書きなさい。
ア 雪がたくさん積もるのを不安に思う気持ち。
イ 雪の様子を伝える家族の言葉をうたがう気持ち。
ウ 雪がなかなか解けないことにいら立つ気持ち。
エ 雪の様子を知りたくてしかたがない気持ち。
□

問四 うの俳句について、次の問題に答えなさい。
(1) 句切れとして正しいものを次から選んで、記号を書きなさい。
ア 初句切れ　イ 二句切れ
ウ 句切れなし
□
(2) 月はどんな様子ですか。最もよいものを次から選んで、記号を書きなさい。
ア くっきりと明るくかがやいている。
イ 大きくてぼんやりと光っている。
ウ 細くするどく光っている。
エ 雲にかくれていて見えない。
□

学習した日　月　日

時間 20分　得点　点　答え 30ページ

1 次の短歌を読んで、問題に答えなさい。

あ春過ぎて夏来にけらし白妙の
　衣ほすてふ天の香具山　　持統天皇

【現代語訳】もう春が過ぎて夏が来たようだ。（衣がえの季節になると）衣をほすという天の香具山に、白い衣がはためいている。

い久方の光のどけき春の日に
　しづ心なく花の散るらむ　　紀友則

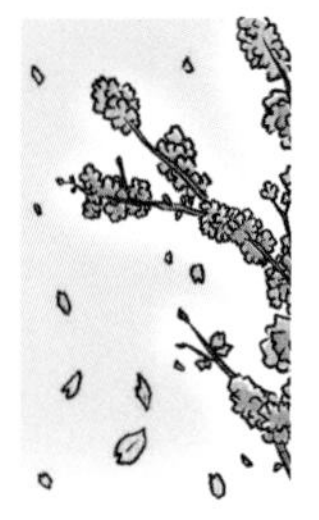

【現代語訳】こんなに日の光がのどかに差している春の日に、なぜ桜の花は落ち着きなく散っているのだろうか。

う道のべに清水ながるる柳かげ
　しばしとてこそ立ちどまりつれ　　西行

【現代語訳】道のほとりに、清水が流れる柳の木陰があった。ほんの少しと思って立ち止まったが、長居をしてしまった。

問一　あ、いの短歌から枕詞を書きぬきなさい。　一つ5〔10点〕

あ（　　　）
い（　　　）

問二　あの短歌で、作者はどんなことから夏が来たと気づきましたか。〔10点〕

（　　　）

問三　いの短歌から作者のどんな気持ちが読み取れますか。最もよいものを次から選んで、記号を書きなさい。〔10点〕

ア　桜がすぐに散ることにいら立つ気持ち。
イ　桜を見に集まる人をばかにする気持ち。
ウ　桜がさきだすのを楽しみに待つ気持ち。
エ　桜があわただしく散るのをおしむ気持ち。

□

問四　うの短歌について、次の問題に答えなさい。

(1)　句切れとして正しいものを次から選んで、記号を書きなさい。〔5点〕

ア　初句切れ　　イ　二句切れ
ウ　三句切れ　　エ　句切れなし

(2)　――線「長居をしてしまった」とありますが、こうなったのはなぜですか。〔10点〕

（　　　）

2 次の俳句を読んで、問題に答えなさい。

あ 朝顔に*釣瓶とられてもらひ水　加賀千代女

い うまさうな雪がふうはりふはりかな　小林一茶

う 名月や池をめぐりて夜もすがら　松尾芭蕉

え *さみだれや大河を前に家二軒　与謝蕪村

*釣瓶…井戸の水をくみ上げるおけ。

*さみだれ…つゆの時期にふり続く長雨。

問一 あについて、次の問題に答えなさい。

(1) 季語と季節を書きなさい。　一つ5〔10点〕

季語（　　）　季節（　　）

(2) 朝顔に釣瓶をとられて近所から水をもらったという内容ですが、作者のどんな性格が表れていますか。〔10点〕

（　　）

問二 いについて、次の問題に答えなさい。

(1) 用いられている切れ字を書きなさい。〔5点〕

（　　）

(2) 俳句の中から擬態語を書きぬきなさい。〔5点〕

（　　）

問三 うの俳句には、どんな様子がえがかれていますか。最もよいものを次から選んで、記号を書きなさい。〔10点〕

ア 月が明るく木々のかげが池にうつっている様子。

イ 月の美しさに思わず時間をわすれてしまった様子。

ウ 池にうつった月が時間とともに移動していく様子。

エ 満月にさそわれて池の周りに人が集まっている様子。

□

問四 えの俳句について、次の問題に答えなさい。

(1) 用いられている表現技法として最もよいものを次から選んで、記号を書きなさい。〔5点〕

ア 倒置法　イ 直喩

ウ 擬人法　エ 体言止め

□

(2) 特徴を述べたものとして最もよいものを次から選んで、記号を書きなさい。〔10点〕

ア 力強い自然と小さな人間の生活が対比されている。

イ 人間を見守るようなやさしさがこめられている。

ウ 平がなを多用してやわらかい印象をあたえている。

エ 雨のめぐみの喜びを率直な言葉で表している。

□

16 物語文

標準レベル

確かめよう

答え 31ページ

1 次の文章を読んで、問題に答えなさい。

私はピアノが大きらいだった。ピアノというより、ピアノの練習がいやでいやでしかたなかったのだ。月曜の夜のあのあせり。あの感じ。でもどうしても練習をする気になれないもどかしさ。

私はみどりちゃんのことを考える。みどりちゃんと私は、同じピアノ教室に通っていて、その教室で春に発表会があった。市内の同じ系列のピアノ教室の生徒が集まって、地元の文化会館で行われた小さい小さいものだったけど、私は案の定「練習をする」というセンスがまったくなく、いつまでたっても上達しなかった。私の弾く曲は、十分実力の範囲内の曲だったし、時間は十分すぎるほどあった。

にもかかわらず、いつまでたってもちっとも上達しない私に、先生はあきれかえりながら、最終手段として「補習」という、思いもかけなかったとんでもない隠し技を提示してきたのだ。

火曜日のレッスン日以外に、なんと日曜日まで特別にレッ

←

問一 ――線①「あせり」とありますが、どんなあせりですか。三十字以内で書きなさい。

ヒント 月曜日はレッスンの前の日である。

問二 ――線②「補習」を「私」が受けることになって、お母さんはどんな気持ちになっていますか。その気持ちに当てはまらないものを次から一つ選んで、記号を書きなさい。

ア 子どもがめいわくをかけてすまないという気持ち。

イ 子どものできが悪くて情けないという気持ち。

ウ 子どもがかわいそうでたまらないという気持ち。

エ 子どものためにありがたいという気持ち。

ヒント 第四段落にお母さんの気持ちが書かれている。

学習した日 月 日

スンするというのだ。もちろん、発表会までの期間限定だし、これは先生の好意であって無理に行かなくてもいいのだけれど、わざわざ先生が自分の時間を割いてまで教えてくれるというのに、行かないわけにはいかなかった。お母さんは先生に、申し訳ない、はずかしい、感謝します、と深々と頭を下げた。

でも、③<u>私は腹立たしかった。</u>せっかくの休みにレッスンに行くなんて、まったくばかげている。本番になればどうにかなるし、今までの経験からすると、きっと私は三日くらい前から猛練習をして、なんとか弾けるようになれるはずなのだ。

それにこの補習は私のためじゃない。本番で先生が恥をかかないための補習レッスンとしか思えなかった。

私はしぶしぶとレッスンに行き、うんざりしながらみどりちゃんに、そのことを告げた。みどりちゃんは、同情とも哀

問三 ——線③「私は腹立たしかった」について、次の問題に答えなさい。

(1) 「腹立たしかった」のは、なぜですか。その理由に当てはまらないものを次から一つ選んで、記号を書きなさい。

ア 自分のためではなく、先生のために補習を受けているように思えて、なっ得がいかなかったから。

イ 自分のペースで練習していけば弾けるようになるはずなので、補習がめんどうでたまらなかったから。

ウ 本番が近づいてから、ようやく補習を始めようとする先生の考えは、おかしいとしか思えなかったから。

エ レッスン日以外の日にも練習をしなければいけないのが、いやだったから。

(2) 「腹立たし」い気持ちは、「私」の態度となって表れています。その「私」の態度が表れている部分を、84〜85ページの文章中から十二字で書きぬきなさい。

れみともつかない変な表情をして、

「大変だね」

とひとことだけ言った。

しかし、それからしばらくたったある日、みどりちゃんは私に、
④「うらやましいよ」
とポツリと言ったのだ。

「えっ、何が」

「ピアノ。レッスン日以外にも、先生から教えてもらえるなんていいなあ……」

私は自分の耳を疑った。

「なんで？　なんでなんで。だって無理やりやらされてるんだよ。あまりにも下手だから、しょうがないからやってるんだよ。先生だって本当はイヤイヤなんだよ」

「ううん、ちがうよ。さえちゃんには上手になってもらいたいんだよ。期待してるの、先生は。発表会でうまく弾けるようにって」

「ちがう。絶対にちがうよ。ねえ、みどりちゃん、ほんとにそんなんじゃないんだよ」

「ううん、お母さんも言ってた。あんたも頼んで教えてもらいなさいって……」

問四　――線④「うらやましいよ」について、次の問題に答えなさい。

(1) みどりちゃんは、「私」のどんなことが「うらやましい」のですか。三十字以内で書きなさい。

(2) (1)で答えたことが「うらやましい」のは、なぜですか。次のようにまとめたとき、□に当てはまる言葉を、文章中から書きぬきなさい。

先生は、「私」に□しているように思えるから。

！ヒント　みどりちゃんの会話の内容をとらえる。

問五　――線⑤「自分がこうだと思っていたことが、ほかの人にとってはまったく別の意味を持つ。」とは、具体的にはどういうことですか。最もよいものを次から選んで、記号を書きなさい。

郵便はがき

おそれいりますが，切手をおはりください。

141-8426

東京都品川区西五反田２－11－８
（株）文理

「トクとトクイになる！
小学ハイレベルワーク」
アンケート 係

ご住所	〒 都道府県 市区郡 電話 － －		
お名前	フリガナ	男・女	学年 年
お買上げ月	年 月	学習塾に	□通っている □通っていない
スマートフォンを	□持っている □持っていない		

＊ご住所は町名・番地までお書きください。

✂はがきで送られる方はここを切り取ってください。

「トクとトクイになる！ 小学ハイレベルワーク」をお買い上げいただき，ありがとうございました。今後のよりよい本づくりのため，裏にありますアンケートにお答えください。

アンケートにご協力くださった方の中から，抽選で（年２回），**図書カード1000円分**をさしあげます。（当選者の発表は賞品の発送をもってかえさせていただきます。）なお，このアンケートで得た情報は，ほかのことには使用いたしません。

《はがきで送られる方》

① 左のはがきの下のらんに，お名前など必要事項をお書きください。
② 裏にあるアンケートの回答を，右にある回答記入らんにお書きください。
③ 点線にそってはがきを切り離し，お手数ですが，左上に切手をはって，ポストに投函してください。

《インターネットで送られる方》

文理のホームページよりアンケートのページにお進みいただき，ご回答ください。

https://portal.bunri.jp/questionnaire.html

アンケート

●次のアンケートにお答えください。回答は右のらんにあてはまる□をぬってください。

[1] 今回お買い上げになった教科は何ですか。
①国語　②算数　③理科　④社会

[2] 今回お買い上げになった学年は何ですか。
①1年　②2年　③3年
④4年　⑤5年　⑥6年
⑦1・2年(理科と社会)　⑧3・4年(理科と社会)

[3] この本をお選びになったのはどなたですか。
①お子様　②保護者様　③その他

[4] この本を選ばれた決め手は何ですか。(複数可)
①内容・レベルがちょうどよいので。
②カラーで見やすく，わかりやすいので。
③「答えと考え方」がくわしいので。
④中学受験を考えているので。
⑤自動採点 CBT がついているので。
⑥付録がついているので。
⑦知り合いにすすめられたので。
⑧書店やネットなどですすめられていたので。
⑨その他

[5] どのような使い方をされていますか。(複数可)
①お子様が一人で使用
②保護者様とごいっしょに使用
③答え合わせだけ，保護者様とごいっしょに使用
④その他

[6] 内容はいかがでしたか。
①わかりやすい　②ややわかりにくい
③わかりにくい　④その他

[7] 問題の量はいかがでしたか。
①ちょうどよい　②多い　③少ない

[8] 問題のレベルはいかがでしたか。
①ちょうどよい　②難しい　③やさしい

[9] ページ数はいかがでしたか。
①ちょうどよい　②多い　③少ない

[10] 表紙デザインはいかがでしたか。
①よい　②ふつう　③よくない

[11] 別冊の「答えと考え方」はいかがでしたか。
①ちょうどよい　②もっとくわしく
③もっと簡単でよい　④その他

[12] 付属の自動採点 CBT はいかがでしたか。
①役に立つ　②役に立たない
③使用していない

[13] 役に立った付録は何ですか。(複数可)
①しあげのテスト（理科と社会の1・2年をのぞく）
②問題シール（理科と社会の1・2年）
③WEB でもっと解説（算数のみ）

[14] 学習記録アプリ［まなサポ］はいかがですか。
①役に立つ　②役に立たない　③使用していない

[15] 文理の問題集で，使用したことのあるものがあれば教えてください。(複数可)
①小学教科書ワーク
②小学教科書ドリル
③小学教科書ガイド
④できる!!がふえる♪ドリル
⑤トップクラス問題集
⑥全科まとめて
⑦ハイレベル算数ドリル
⑧その他

[16]「トクとトクイになる！ 小学ハイレベルワーク」シリーズに追加発行してほしい学年・分野・教科などがありましたら，教えてください。

[17] この本について，ご感想やご意見・ご要望がありましたら，教えてください。

[18] この本の他に，お使いになっている参考書や問題集がございましたら，教えてください。また，どんな点がよかったかも教えてください。

アンケートの回答：記入らん

[1] □①　□②　□③　□④
[2] □①　□②　□③　□④　□⑤　□⑥　□⑦　□⑧
[3] □①　□②　□③(　　　)
[4] □①　□②　□③　□④　□⑤　□⑥　□⑦　□⑧　□⑨(　　　)
[5] □①　□②　□③　□④(　　　)
[6] □①　□②　□③　□④(　　　)
[7] □①　□②　□③　[9] □①　□②　□③
[8] □①　□②　□③　[10] □①　□②　□③
[11] □①　□②　□③　□④(　　　)
[12] □①　□②　□③
[13] □①　□②　□③
[14] □①　□②　□③
[15] □①　□②　□③　□④　□⑤　□⑥　□⑦　□⑧(　　　)
[16]
[17]
[18]

ご協力ありがとうございました。トクトク小学ハイレベルワーク

そんなんじゃないのに……どうして……。私はこのとき本当に、すごい衝撃を受けた。

　みどりちゃんは、みどりちゃんの実力より少し上のランクの曲を発表会で弾く。それは、みどりちゃんならできると先生が確信したからで、補習をしないのは、そんな余計なことをしなくても、みどりちゃんはきちんと家で練習してきて、完璧に弾けるのがわかっているから。

　それなのに、なんでなんだろう。うらやましいなんて。人によってこんなに受けとめ方がちがうなんて。それはとても怖いことで、私はその日みどりちゃんに言われたことが、頭から離れなかった。⑤**自分がこうだと思っていたことが、ほかの人にとってはまったく別の意味を持つ。**怖いと思った。ものすごい恐怖だった。

〈椰月美智子「十二歳」による〉

ア 「私」は、自分があまりにも下手だから補習するのだと思っていたのに、みどりちゃんは、先生が「私」に上手になってほしいと思っているからだと考えていること。

イ 「私」は、自分の弾く曲が実力の範囲内のものだと思っていたのに、先生は、「私」の実力より上のランクの曲だと考えていること。

ウ 「私」は、自分よりみどりちゃんのピアノの実力が上だと思っていたのに、みどりちゃんは「私」のほうがピアノがうまいと考えていること。

エ 「私」は、無理やり補習をさせられていると思っていたのに、みどりちゃんは、「私」が進んで教えてもらっているのだと考えていること。

［　　］

問六 ピアノの練習に対する態度から、(1)＝「私」と(2)＝みどりちゃんは、どんな人物だとわかりますか。最もよいものをそれぞれ次から選んで、記号を書きなさい。

ア いいかげんなところがある人物。

イ 真面目に物事に取り組む人物。

ウ 人から注目されたがる人物。

エ 自分に自信をもっている人物。

オ 周りの人にたよりたがる人物。

(1)［　　］　(2)［　　］

ヒント ピアノの練習に二人がどう取り組んでいるかとらえる。

ハイレベル 深めよう

答え 32ページ

1 次の文章を読んで、問題に答えなさい。

家に近づくにつれて、①エイトに対するムカムカが、またおさまらなくなってきた。

なんだよ、佳乃ちゃんもお母さんもコーチも、②みんなみんなエイトばっかり。エイトはただの分身だぞ。

クローゼットを開けてみた。スイッチが切れたエイトは、朝見たまんまだ。腹立ちまぎれに思いきりクローゼットを閉めた。

机の横にイヤホンが落ちていた。これも返さなきゃ。ひろいあげたとき、エイトの言っていたことを思い出した。

「イヤホンには、ぼくの全データが記録されてる。両耳にイヤホンをして目をつむれば、いままでのデータを頭のなかに再生できる。リモコンで早送りや巻きもどしも思いのままさ」

もしかしてイヤホンをしたら、③エイトの悪だくみがはっきりわかるんじゃない？

両耳にイヤホンをして、目をつぶる。エイトと半分こしたときより、はっきりした映像が頭のなかにうかんできた。

最初のシーンは、エイトがねむっているぼくにふとんをかけて、ぼくの机で宿題をしているところだった。

「ねえ起きて。栄太、朝だよ」

……そうそう、分身を作った日の朝、エイトがぼくを起こしてくれた。

「だったら名前をつけてよ。ぼくを作ってくれたのは栄太なんだか

学習した日　月　日

問一 ――線①「エイトに対するムカムカ」とありますが、栄太はエイトのどんなところに対してこんな気持ちになっているのですか。最もよいものを次から選んで、記号を書きなさい。

ア エイトが悪いロボットなのに、よいロボットのふりをしているところ。

イ エイトは栄太の分身なのに、命令に従わないで行動しているところ。

ウ エイトが栄太の評判を落とすために、いたずらをしているところ。

エ エイトが栄太の周りの人たちから注目されて、好かれているところ。

□

問二 ――線②「みんなみんなエイトばっかり」とありますが、この気持ちを言い表した慣用句を文章中からさがし、言い切りの形で書きなさい。

（　　　　）

問三 ――線③「エイトの悪だくみがはっきりわかるんじゃない？」とありますが、栄太はイヤホンをつけると、エイトのどんなすがたが見られると思っていましたか。

ら」

「じゃあさ、エイトは？」

……映像のなかのぼくの声は、ちょっとちがって聞こえる。

「いいねえ。決まり！」

あれ？　そのあと、ぼくの知らないシーンが再生された。

ぼくが学校に行っているあいだ、エイトがサッカーのユニフォームの胸番号8を、なんどもなでている。

「エイト、エイト。ぼくの名前は、エイトだぞ。栄太がくれたぼくの名前……」

そう、つぶやいていた。

そんなに、名前がうれしかったの？

どんどん早送りを続けた。必ずどこかにエイトの悪だくみの証拠があるはずなんだ。

そのうち、エイトが、④なんども同じことばかり言っていることに気がついた。

――栄太、楽でしょ。

――栄太はうれしい？

――ぼく、役に立った？

どうして？　ぼくの知らないところで、しめしめって意地悪な顔をして、ぼくをだましているエイトをみつけるつもりだったのに……。

ふたりですごした三週間の記録には、ぼくの役に立てて、うれしそうにしているエイトしかいない。いつだってエイトはぼくのことばかりだった。

問四　――線④「なんども同じことばかり言っている」とありますが、エイトは何と言っていましたか。文章中から三つ書きぬきなさい。

問五　――線⑤「AIロボットと人間の関係」とありますが、このとき、(1)＝栄太と(2)＝エイトは、どのような関係だと考えていますか。最もよいものをそれぞれ選んで、記号を書きなさい。

ア　おたがいの欠点をおぎない合う対等な関係。

イ　AIロボットが人間を支え、手助けをするよい関係。

ウ　いっしょにいて安心できる家族のような関係。

エ　AIロボットが人間の場所をうばおうとする悪い関係。

(1)

(2)

後悔で胸がきゅーっといたかった。

……うたがってごめん、エイト。


起動スイッチを押した。もうおぼえてしまった短い起動音。

エイトがパチッと目を覚ました。

「エイト、ごめんね。いきなりスイッチ切って、おこってるよね？」

「おこっていたのは栄太でしょ。だから話してよ。いったいなにをおこっていたの？」

ぼくの心のなかのもやもやを、正直にぜんぶ話した。学校をさぼった日に見た夢のせいで、エイトがぼくを乗っとろうとしていると思ったこと。学校にエイトのようすを見にいったこと。『デブジャ』って言って、佳乃ちゃんをおこらせたことや、せんたく物をたたむのさえエイトに負けてくやしかったこと、サッカーのスタメンに選ばれたのにコーチにおこられたこと……。

佳乃ちゃんをおこらせた話で、エイトが足をばたつかせて笑った。

「惜しいね。『デブジャ』じゃなくて、デジャブ。一度も経験していないのに、なぜか前にも同じことがあったように感じることさ」

「デジャブ、デジャブ、デジャブ……」

もう二度とまちがえないように、くりかえしておぼえた。

「女子にそんな失礼なこと言ったら、そりゃ、佳乃ちゃんはおこるよ」

「だよね。まちがえたって、ちゃんとあやまるよ」

「それからね、栄太はかんちがいしてる。ぼくたち⑤AIロボットと人間の関係」

問六 ——線⑥「ぼくたちは、〜それが『うれしい』んだ」とありますが、この文章中で、人の役に立つこと以外でエイトがうれしそうにしているところがあります。それは、どんなことに対してですか。

（　　　　）

問七 ——線⑦「エイトのためにできるだけたくさん、はじめての経験をさせてあげたい」とありますが、栄太がこう考えたのは、なぜですか。最もよいものを次から選んで、記号を書きなさい。

ア　エイトが人間の役に立つために、たくさんのデータを集めたいと考えていると思ったから。
イ　はじめての経験であれば、自分がエイトに勝てることがあるかもしれないと思ったから。
ウ　能力の高いAIロボットであるエイトに、人間のすぐれたところを教えたいと思ったから。
エ　はじめての経験が増えると、エイトに未知の能力が生まれるかもしれないと思ったから。

□

問八 栄太のエイトに対する気持ちはどのように変化しましたか。最もよいものを次から選んで、記号を書きなさい。

「してないよ。なにをやってもAIロボットのほうが優秀で、そのうち人間はやることがなくなるんだ」

エイトはしずかに首をふる。

「ちがう。AIロボットはね、人間の場所をうばうためにいるんじゃないよ。人間の暮らしを手助け、つまりアシストするためにいるんだ。サッカーしてる栄太ならわかるだろ？」

エイトは自分の胸に手を当てた。

「ぼくに本当の心はない。それでも感情のシステムは入ってる。⑥ぼくたちは、人の役に立つことが目的だし、人間ふうに言うとそれが『うれしい』んだ」

「ぼくはエイトをいいように使ったんだよ。しんどいことばっかり押しつけてさ。こんどはぼくがエイトになにかしてあげたい」

「おっかしなこと言うなあ。栄太はぼくに人間を学ぶチャンスをいっぱいくれたじゃないか。学校に行って、人間のクラスメイトと話したり、はじめてのことをして、たくさんデータを集められたよ。おかげで、AIロボットがもっと人間の役に立つようになれる。栄太には感謝してるんだ。ぼくを作ってくれたのは、栄太なんだから」

そんなこと言わないでよ。エイトはただのぼくの分身で、所長からひと月レンタルしてるだけだと思っていたはずなのに……。

いつのまにか、エイトはぼくのなかで、焼きもちを焼いちゃうほど大きい存在になっていたんだ。エイトがなんと言おうと、⑦エイトのためにできるだけたくさん、はじめての経験をさせてあげたい、そう思った。

〈木内南緒「AIロボット、ひと月貸します！」による〉

ア　エイトをただの分身だと思って安心していたが、思ったよりも学習能力が高いということに気づき、いつもそばにいるのをおそれる気持ちに変化した。

イ　エイトを何でも引き受けてくれるやさしいロボットだと信用していたが、実は自分を乗っとろうとしていると気づき、こらしめたい気持ちに変化した。

ウ　エイトが自分を乗っとるつもりだとうたがっていたが、どれだけ自分の役に立とうとしてくれていたかに気づき、喜ばせたいという気持ちに変化した。

エ　エイトが何をやっても上手で人気者なのをうらやましく思っていたが、その能力はもともと自分のものであると気づき、感謝する気持ちに変化した。

問九　栄太は、どんな性格ですか。最もよいものを次から選んで、記号を書きなさい。

ア　相手の期待に応えようとする、お人よしな性格。

イ　自分のまちがいをみとめて正そうとする、素直な性格。

ウ　自分の意見がはっきり言えない、おくびょうな性格。

エ　細かいことがつい気になってしまう、神経質な性格。

17 説明文

標準レベル

答え 33 ページ

1 次の文章を読んで、問題に答えなさい。

私たちの祖先は、食べものを手に入れるために狩りをしました。すばやく走っていくシカに矢じりを投げ、命中すればバッタリとたおれます。もう動かない。近寄って見ると、大きさも形も元のままです。でもさっきまで〝生きている状態〟にあったシカが、〝生きていない状態（別の言い方をするなら死んだ状態）〟になっているのが分かります。〝生きている時〟と〝生きていない時〟ではどこが違うんだろう。昔の人は、〝生きている時には、いのちがあったのに、死んだらそれがどこかへ消えてしまった〟と考えました。いったい①それは何だろう。

とにかく、〝いのち〟を知るには、生きものを調べてみればよいということは分かります。［②］、人間の体のはたらきを調べる研究が進みました。その中で、十七世紀の医師、ウィリアム・ハーヴィが、心臓というポンプが送り出した血液が動脈を通って体中を回ったあと、静脈を通ってまた心臓に返ってくるということを見つけました。③血液循環論といわれます。なんだか自動車のエンジンのような感じがしません

問一　――線①「それ」は、何を指していますか。

（　　　　）

問二　［②］に当てはまる言葉を次から選んで、記号を書きなさい。

ア　さらに　　イ　そこで

ウ　また　　エ　しかし

［　　］

ヒント　前後の文の関係を考える。

問三　――線③「血液循環論」を、次のようにまとめたとき、(1)～(4)に当てはまる言葉を、文章中から書きぬきなさい。

血液は、

(1)（　　　　）→(2)（　　　　）→

(3)（　　　　）→(4)（　　　　）

という順で体内を流れる。

ヒント　直前の内容に注目する。

問四　――線④「人間機械論」とは、どのような考え方ですか。それが説明されている部分を文章中からさがして、初めと終わりの五字を書きぬきなさい。

学習した日　月　日

か。一方で、体をつくっている部品、たとえば筋肉や皮膚なども調べられました。こうして、人間の体も、機械のように、部品があり、それぞれがはたらくことで〝生きている〟のだという考え方が強くなってきました。哲学者のルネ・デカルトがハーヴィの研究に注目して、④人間機械論という考え方を出したのは有名です。

えっ、人間って機械なの？　デカルトの頃は、とても精巧な機械の代表は時計でした。そこで、⑤時計と人間を比べて考えてみたのです。コチコチ正確に動くところは似ているようでもあり、似ていないようでもありますね。たしかに人間の体は機械のように動いていると考えられる面もあるけれど、私たちには〝心〟がある。ここは機械と違うのではないだろうか。多くの人がいだいた疑問です。

ここで、⑥科学が登場します。そして、科学（生きものについて考える科学を生物学といいます）は、「いのちとか心とか呼ぶべきものはあるのだろうけれど、それは、ここにいのちがありますよとか、心がありますよといって特別にとり出せるものではなく、生きものが生きていることといっしょにある。いのちについて知りたかったら、生きものって何だろう、生きているってどういうことだろうという問題を考える必要がある」という立場をとって研究を続けています。

もちろん科学だけが正しいものの見方とはいえません。でも、十七世紀以来、科学は次々と新しい発見をし、新しいも

初め

終わり

問五 ――線⑤「時計と人間を比べて考えてみた」とありますが、人間は、どんなところが機械と違うのですか。十字以内で書きなさい。

問六 ――線⑥「科学」は、いのちや心について、どのように考えていますか。最もよいものを次から選んで、記号を書きなさい。

ア いのちや心と呼ぶべきものは、それぞれ決まった場所にあって、決まったはたらきをしている。

イ いのちや心は決まった場所にあるのではなく、生きものの、生きているという状態と密接に関わっている。

ウ 機械のような生きていないものを調べることで、いのちや心について知ることができる。

エ いのちや心がある場所は、今はわからないが、いずれ見つけることができるだろう。

のの見方を出してきました。

そして現在は、科学の成果を利用した科学技術が生活の中に入りこんでいます。それだけでなく、⑦科学技術は私たちの暮らし方や考え方を支配するようになっています。携帯電話はとても便利ですが、メールだと面と向かっては言えないことも言えてしまうために、人間関係がこじれたなどという話も聞きます。科学技術は人間が作ったもののはずなのに、なんだか人間のほうがふりまわされてしまうのは問題でしょう。携帯電話と友だちとどっちが大事か。現代社会で、いのち、つまり生きることを考えるとこのような問題も出てきます。ですから、科学技術文明の基盤になっている科学は、生きることをどのようにとらえているかと考えるのは大事です。

まず、機械と生きものが違うところを見ていきましょう。有名な物理学者であるハイゼンベルグがおもしろい例をあげています。彼はその時、船に乗っていました。「もし今、この船とクジラがぶつかって、船の一部がこわれ、クジラもけがをしたとしよう。［⑧］は誰かがなおさなければならないけれど、［⑨］の傷は自然になおってしまう」。機械は誰かが設計をし、部品を集めて作るのですが、生きものは生まれて、だんだん育っていくものです。途中で少々のけががあっ

問七 ——線⑦「科学技術は私たちの暮らし方や考え方を支配するようになっています」とありますが、これによって、どんな問題が起きていますか。「人間が作った科学技術に、〜」に続くように、二十五字以内で書きなさい。

人間が作った科学技術に、

!ヒント ——線⑦のあとに書かれている内容に注目する。

問八 ［⑧］・［⑨］に当てはまる言葉を、文章中からそれぞれ書きぬきなさい。

⑧（　　）　⑨（　　）

問九 ——線⑩「パスツール」の実験によって、どのようなきまりがわかりましたか。文章中から二十四字で書きぬきなさい。

ても自分でなおします。

私たちは、両親がいるからこそ生まれたのであって、何もないところから出てきたのではありません。蚊やハエなどはわいてくるといって、きたないものがあるとそこから出てきたと考えていた時代もありました。けれども、十九世紀にフランスの⑩パスツールが、消毒をした肉汁に外からバクテリアが入らない工夫をしたら、何日たっても腐らない、つまり腐敗の原因になるバクテリアは生まれてこないことを証明しました。〝生きものは生きものからしか生まれない〟。少なくとも、いま私たちの身のまわりにいる生きものについては、生きものは生きものからしか生まれないというきまりが成り立ちます。

あなたももちろん生きものです。あなたは誰かが作ったものではなく、生きものとして生まれ、自分で生きていく存在です。これを少しむずかしい言葉では〝自律〟といいます。生きるということは、誰かに動かされるのではなく、自分で自分を作っていくことなのです。こうして生きていく時、あなたはあなたの〝いのちを大切にしている〟といってよいでしょう。このとき大事なことは、他の人、それだけでなくすべての生きものは自律して生きているのであり、それも大切にしなければならないということです。

〈中村桂子「『いのち』って何」による〉

ヒント 「きまり」という言葉を手がかりにする。

問十 この文章で筆者が言いたかったことと合うものを、次から二つ選んで、記号を書きなさい。

ア いのちとは何かを知るためには、科学技術をもっと進歩させるべきである。

イ 自分らしく生きるためには、他人にめいわくをかけることがあってもしかたない。

ウ 私たちは誰かに動かされるのではなく、自分で自分を作っていく存在である。

エ いのちがあるという点で、人間は、機械よりすぐれている。

オ すべての生きものが自律して生きていることを理解して、それぞれのいのちを大切にすべきである。

ハイレベル

深めよう

答え 34ページ

1 次の文章を読んで、問題に答えなさい。

1 さて、ここまでは、太陽と気候のとてもゆっくりとした変化に注目してきました。太陽がもっている、1000年というリズムだったり、そして200年くらいのリズムだったり、そういうものが地球の気温を変えたり雨のふり方を変えたりしているという話でした。

2 ここでひとつ気になるのは、毎日の天気には影響しないのだろうか、ということです。今年はあたたかいね、とか、十年前は寒かったね、というような話ではなくて、今日とか明日とか、そういう日びの天気に、太陽は影響しないのでしょうか。

3 太陽の変化でいちばんすばやい変化というのは、およそ1か月くらいのリズムでおこります。1か月のあいだ太陽を見ていると、とても元気になったり静かになったりしているのです。

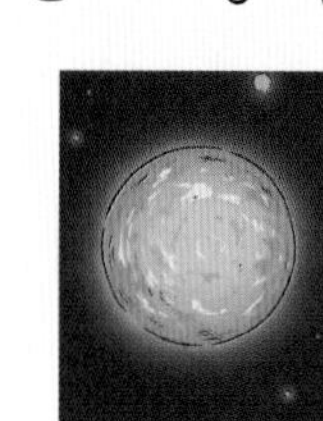

4 もっと正確にお話しすると、太陽の元気の度合いが変わっているわけではありません。

5 太陽の顔に黒点がでていたとしましょう。太陽は実は回転しています。左から右へと回転しているので、地球から太陽を見ていると、もし黒点が見えていたとしても、しばらくするとそ

問一 この文章では、何が話題として取り上げられていますか。最もよいものを次から選んで、記号を書きなさい。

ア 太陽が千年単位で気候におよぼす変化。

イ 毎日の天気におよぼす太陽の影響。

ウ モーツァルトの作った音楽のすばらしさ。

エ 日本とアメリカの研究の仕方のちがい。

[　　]

問二 3の内容をくわしく説明しているのは、どの段落からどの段落ですか。段落の番号を書きなさい。

[　　] から [　　]

問三 ――線①「地球からは見えなくなってしまいます」とありますが、何が見えなくなるのですか。

(　　　　)

問四 ――線②「もしそれが本当だとすると、大発見です。」について、次の問題に答えなさい。

(1) 「それ」は、どんなことを指していますか。

(　　　　)

学習した日　月　日

の黒点は太陽の右はしへと移動して、やがて裏側へと消えてしまうのです。ですから、①地球からは見えなくなってしまいます。

[6] 太陽は一か月くらいの時間をかけて、ぐるっと一回転します。そういうわけで、地球から見ていると、一か月のリズムで活発になったりおだやかになったりして見えるのです。

[7] 実は２００５年ごろから、そういう一か月くらいの変動が、地球の天気にも見えているかもしれない、ということが言われはじめました。たとえば、雲が増えたり減ったりするリズムだったり、そして雷がおこるリズムだったり、そういう毎日の天気の変化にも、一か月くらいの変化があるということに、気づきはじめる人がでてきたのです。

[8] ②もしそれが本当だとすると、大発見です。今は、地球の状態だけを考えて天気予報が行われています。一週間とか、長くても10日くらい先の天気を予報するのがやっとです。でももし、太陽からの影響があるのだとしたら、そして一か月というリズムが本当にあるのだとしたら、何か月も先まで天気予報ができるかもしれません。とてつもない可能性を秘めています。

[9] 晴れたりくもったり、そして雨がふったり嵐がきたり、そういうことの変化に、本当に太陽は影響しているのでしょうか。私も、北海道大学の先生たちと、③雲のリズムを調べはじめました。人工衛星で毎日観測されている雲の量を調べてみたのです。

(2) 「大発見です」とありますが、この大発見により、どんなことが可能になりますか。

（　　　　　　　　　　）

問五 ——線③「雲のリズムを調べはじめました」とありますが、この調査でわかったのはどんなことですか。最もよいものを次から選んで、記号を書きなさい。

ア 太陽の活発さの変動は、地球の赤道付近の雲のリズムに影響をおよぼしていること。

イ 太陽の活発さの変動と雲のリズムの間には、特に関係がないということ。

ウ 太陽の活発さの変動によって、雲の増減のリズムや雷がおこるリズムが予想できるということ。

エ 太陽の黒点は、左はしから右はしへと移動していくということ。

［　］

問六 [④]・[⑥]に当てはまる言葉をそれぞれ選んで、記号を書きなさい。

ア たとえば　イ なぜなら

ウ ところが　エ すると

④［　］　⑥［　］

10 ④、赤道に近いあたりで、一か月のリズムが確かにあるということがわかりました。しかも、太陽の表面に黒点がたくさんでている年はその一か月のリズムが雲にはっきりと見えるのに、黒点が消えてしまっている年には一か月のリズムは消えていました。

11 私は大興奮でした。そのグラフをもって、アメリカの研究所の専門家を訪ねました。その研究所では、雲についてくわしく研究している人たちがたくさんいました。その研究所をとりしきっているケヘーレンさんという方に紹介してもらって、研究所の人たちにグラフを見せてまわったのです。赤道の方で、雲に一か月のリズムが見えていることを伝えました。そして、太陽の一か月のリズムと同じようにその強さが年ねん変化していることを伝えたのです。

12 みな口ぐちに「⑤イントリーギングだね！」と目をみはっていました。イントリーギングというのは、とても面白い、という意味でつかわれる英語です。まだまだ謎が多くても、そういうふうに思ってくれる人がたくさんいることがとてもうれしくて、さらにグラフをくわしく説明しました。

13 ⑥、よくよく話してみると、どうも、あまり信じていないといったようなふんいきの研究者まで、「イントリーギングだね」と言ってきたりします。

14 私のもっている英語の辞書を見ると、「イントリーギン

問七 ――線⑤「イントリーギング」とありますが、研究所の人たちはどのような意味でこの言葉を使っていましたか。

（　　　　）

問八 ――線⑦「謎」の内容として当てはまるものを次から二つ選んで、記号を書きなさい。

ア 太陽を地球から見ると、およそ一か月のリズムでとても活発になったりおだやかになったりして見えるのはなぜなのか。

イ 太陽の表面に黒点がたくさんでている年は一か月の雲のリズムが生じるが、黒点が消えてしまっている年にはそのリズムが消えるのはなぜなのか。

ウ 観測したデータによって雲のリズムがあることが示されているのに、アメリカの研究所の専門家がそのことに興味を示さないのはなぜなのか。

エ 太陽の影響を受けた雲の一か月のリズムが、赤道に近いあたりでは見られるのに、ほかの場所で見られないのはなぜなのか。

オ 「イントリーギング」という言葉が、アメリカにおいて辞書に書いてある意味とちがう意味で使われているのはなぜなのか。

□ □

グ」というのはちゃんと「面白い」という意味だと書いてありますが、どうやら、「信じられないくらい面白い」という意味を通りこして、「信じられない！　ウソでしょ？」といった具合の意味ももっているようでした。

15　雲の専門家たちとせっかく議論するチャンスだったのですが、期待していたほどには受け入れてもらえなくてがっかりした旅でした。

16　でも、データがそうなっている以上、⑦謎はといていかなければなりません。科学の研究のいいところは、データがすべてだということです。⑧データは、誰が観測しても、いつ観測しても、かならず同じ結果になります。

17　２００２年にノーベル物理学賞を受賞した小柴昌俊先生が、⑨「アインシュタインよりもモーツァルトの方が天才だ。」と言ったそうです。なぜなら、あの音楽はモーツァルトがいなければ生まれなかった。でも、科学の研究は、もしその人がやらなかったとしても、のちにだれかが同じことをやるだろうし、そして誰がやったとしても、結果は同じになるから、というのです。

18　それは、科学者としては少しだけさみしいことではありますが、でも、逆にいえば、観測したデータは、いつまでもゆるがない、絶対的な存在だということでもあります。だからこそ、それをよりどころにして、さらに研究を進めることができるのです。

〈宮原ひろ子「太陽ってどんな星？」による〉

問九　――線⑧「データは、誰が観測しても、いつ観測しても、かならず同じ結果になります。」とありますが、同じ内容を言いかえた部分を、文章中から二十七字で書きぬきなさい。

問十　――線⑨「アインシュタインよりもモーツァルトの方が天才だ」とありますが、小柴先生がこう考えるのはなぜですか。最もよいものを次から選んで、記号を書きなさい。

ア　あの音楽はモーツァルトにしか作れないが、科学の研究はだれかがやるし、同じ結果になるから。

イ　昔はすぐれた知識や技術がなく、新しいものを生み出すのがむずかしかったから。

ウ　音楽は一人からしか生み出せないが、科学の研究はたくさんの人が協力して行うことができるから。

エ　音楽を勉強するよりも科学を勉強することのほうが時間がかからないから。

時間 30分　得点 点　答え 35ページ

学習した日 月 日

1 「ゆめ発表会」を前にして、同級生の相川くんは夢がないと担任のハシケン先生に話しました。「ぼく（朝陽）」も同じ気持ちです。学級での話し合いのあと、朝陽は先生をよびに職員室へ向かいました。次の文章を読んで、問題に答えなさい。

階段を下りて、一階についたとき、職員室の前の廊下から激しい声が聞こえてきた。

「それは、まずいだろう」

あわてて立ち止まる。

太くてしゃがれた、大久保先生の声だ。

ぼくは、大久保先生が苦手だ。以前、運動会の練習のとき、行進の姿勢が悪いといって、何度もやり直しさせられたことがあるから。

「いや、でも、夢って、人それぞれですし……」

ハシケン先生の声も聞こえて、ぼくは角から、そっとのぞいた。

「夢の発表は、行事なんだから。三組だけ勝手なことをしてもらっては困る。保護者もいらっしゃるんですよ」

「そうは言っても、保護者のためにやるわけではないですし」

ハシケン先生と大久保先生が、話している。

①立ち聞きしていたなんて、ばれたら怒られそうだけど、ぼ

←

問一 ――線①「立ち聞きしていた」とありますが、だれとだれの会話を聞いているのですか。 完答〔10点〕

（　　　）と（　　　）の会話。

問二 ――線②「そこをちゃんとさせる」とありますが、これは、だれにどうさせることを言っていますか。二十字以内で書きなさい。〔10点〕

問三 ――線③「さっきまで熱かったほおはすっかり冷めて、寒いくらいだった。」とありますが、このときの「ぼく」の気持ちとして最もよいものを次から選んで、記号を書きなさい。〔10点〕

ア ハシケン先生に対するがっかりした気持ち。

イ ハシケン先生に対する心配な気持ち。

ウ 大久保先生に対するほっとした気持ち。

エ 大久保先生に対する腹立たしい気持ち。

くはその場から動くことができなかった。

「ゆめ発表会」のことを話しているのだと、すぐにわかったから。

「何を言ってるんですか。この行事は、もちろん子どものためです。運動会だって、学芸会だって、なんだってそうです。でも、保護者の前で、みっともないことはできませんよ。②そこをちゃんとさせるのが、橋本先生の役目でしょう」

「……はい」

ハシケン先生が、大久保先生にしかられて、子どもみたいに小さくなる。

③さっきまで熱かったほおはすっかり冷めて、寒いくらいだった。

夢を言わないと、ハシケン先生が、怒られてしまうのかな。そう思ったら、ぼくは、自分が悪いことをしているような気持ちになった。

「あの、ぼくも小学生のとき、自分の夢を発表できなかったんです。だから、言いたくない子がいても、まだ夢のない子がいても、いいような、気がして……」

さっき、教室で話していたことだ。

「きみがそうだからって、子どもたちがそうだとは限らないでしょう」

大久保先生の声は不機嫌だった。

問四 (1)＝大久保先生と(2)＝ハシケン先生は、どんな人物ですか。最もよいものをそれぞれ選んで、記号を書きなさい。 一つ5〔10点〕

ア 子ども一人一人の意見に耳をかたむけ、大切にしようとする人物。

イ 自分の考えに自信がもてず、何でも子どもたちの言いなりになる人物。

ウ 子どもの多様な意見をみとめず、全体のきまりや体面にこだわる人物。

エ 今までの慣習にとらわれず、新しいことにチャレンジしていく人物。

(1)

(2)

問五 ――線④「ハシケン先生が負けそうだ。」とありますが、ハシケン先生が負けそうになっている様子を比喩を用いて表している部分を、文章中から十二字で書きぬきなさい。 〔10点〕

④ハシケン先生が負けそうだ。
心の中で、「がんばれ！」と応援していると、じわっと汗が浮かんだ。

「でも！」

さっきまで、うなだれていたハシケン先生が、強い口調になる。

「たまに、わからなくなるんです。これって、本当に、子どものためになっているのかなって」

いっしゅん、会話がとぎれて、⑤ぼくも息を止めた。

大久保先生の眉間に、ぎゅっとしわが寄る。ぼくは、大久保先生が怒り出すんじゃないかと、ひやひやした。

大久保先生は、「ふーっ」と、鼻から息をはき出した。

「子どものために、決まってるじゃないですか」

低い声で、怒りをおさえるように言う。

「もっと、冷静になって考えてください」

大久保先生は、職員室に入っていった。

ハシケン先生が、［⑥］こちらにやってくる。

ぼくはあせって、くるりと方向を変えると、階段を駆け上がった。

四年三組の教室の前についたとき、心臓がドキドキしてい

問六　――線⑤「ぼくも息を止めた」とありますが、このときの「ぼく」の気持ちとして最もよいものを次から選んで、記号を書きなさい。〔10点〕

ア　うなだれていたハシケン先生が急に強い口調になったことにひるむ気持ち。

イ　立ち聞きをしていることがばれたのではないかとおそれる気持ち。

ウ　ハシケン先生の言いたいことが理解できず不思議に思う気持ち。

エ　ハシケン先生が大久保先生に強く反論したことにおどろく気持ち。

［　　］

問七　［⑥］に当てはまる言葉として最もよいものを次から選んで、記号を書きなさい。〔10点〕

ア　肩をおとして　　**イ**　肩をいからせて

ウ　肩で風を切って　　**エ**　肩を組んで

［　　］

問八　――線⑦「息が止まった」とありますが、なぜですか。四十字以内で書きなさい。〔20点〕

た。走ってきたせいだけじゃない。

ガラッとドアを開けると、みんながぼくを見た。

「おう、朝陽、ハシケン先生は？」

大河に聞かれて、

「今、来る……」

と答えた。急いで席に座ると、すぐにドアが開いて、ハシケン先生が現れた。

「みんな、終わったかな？」

先生が聞いて、みんなは首をかしげた。

ぼくから「終わりました」と聞いているはずだと、思っているからだろう。

体をかたくしたぼくは、続けて言ったハシケン先生の言葉に⑦息が止まった。

「夢の件だけど、言いたくない人や、夢が決まってない人は、そう発表すればいいから」

え!?

心臓が、大きくはねた。

そんなこと、大久保先生は、ひと言も言ってなかったはず。

教室はホッとした空気に包まれたけれど、⑧ぼくの胸は、いつまでもじくじくと痛み続けた。

〈工藤純子「サイコーの通知表」による〉

問九 ――線⑧「ぼくの胸は、いつまでもじくじくと痛み続けた」とありますが、なぜですか。最もよいものを次から選んで、記号を書きなさい。〔10点〕

ア 大久保先生が言っていたことをハシケン先生が全く理解していないことに気づき、ショックを受けたから。

イ 大久保先生の前と子どもたちの前とで意見を変えるハシケン先生を見て、信用をうらぎられたと感じたから。

ウ 子どもの味方をしてくれるハシケン先生が、あとで大久保先生にしかられるのではないかと心配だったから。

エ ハシケン先生の立場が悪くなることを知らずに喜んでいるみんなを見て、悲しい気持ちになったから。

時間 30分　得点　　点　答え 36ページ

学習した日　　月　　日

1 次の文章を読んで、問題に答えなさい。

[1] アフガニスタンで現地の人たちを援助していた医師の中村哲さんを知っていますか？　中村さんは、真の援助とは何かを身をもって体現した人です。残念ながら、2019年にアフガニスタンで武装集団に銃撃されて亡くなりましたが、今もアフガニスタンの人々から尊敬されています。

[2] 中村さんは、子どもの頃から自然や昆虫が大好きで、医者になって佐賀県や福岡県の病院で働いていましたが、珍しい蝶を見たいと思ってアフガニスタンとパキスタンの間にある高い山に登って、そこが気に入ったそうです。今から35年以上前、パキスタンの都市ペシャワールの病院で働き始めました。すると、隣国のアフガニスタン人の患者が大勢やって来るのです。

[3] 話を聞いてみると、戦争をしているアフガニスタンから逃げてきた人たちでした。アフガニスタンには医者がいない村がたくさんあって困っていると知り、中村さんはアフガニスタンに診療所を開きました。

[4] アフガニスタンは、戦争で苦しんでいるのに加え、干ばつで畑は砂漠化し、大切な小麦がとれなくなっていました。

問一　中村さんの活動は、何を説明するための例として挙げられていますか。最もよいものを次から選んで、記号を書きなさい。〔10点〕

ア　海外の国の文化や慣習を学ぶ方法。
イ　現地の人たちから信頼を得る援助の方法。
ウ　国際社会の中で日本が尊敬される方法。
エ　日本の技術を海外の人に教える方法。

問二　——線①「それ」は、どんなことを指していますか。三十字以内で書きなさい。〔10点〕

問三　——線②「中村さんは、なぜ〜なしとげられたのでしょう？」について、次の問題に答えなさい。

(1) 中村さんは、なぜだと考えていますか。〔10点〕

泥水を飲むため、病気にかかりやすく、亡くなる人も多かったのです。また、若者たちは農業ができず、ほかの仕事にも就けないために、仕方なく武装組織に入って、戦争をして金をもらうという深刻な状態でした。

5 病気を治す前に、まず水が必要だと感じた中村さんは、井戸掘りを現地の人たちに教えながら、一緒に井戸をつくりました。ところが、井戸を掘るうちに、地下水が涸れ始めていることに気づいてしまいます。中村さんは、どうすればよいか考え抜いて、大きな川から直接水を村に運ぶ用水路をつくるしかない、と決心します。

6 中村さんは医者です。用水路のつくり方は知りません。何年かかるか見当もつかない大工事です。それでも、困っている人たちを見るに見かねて、自ら用水路をつくると決めたのです。難しい計算をたくさんしなければならず、高校生の娘さんから教科書を借りて、苦手な数学を一生懸命勉強しなおしたそうです。

7 それから7年後に、ようやく一本の用水路が完成しました。中村さんと一緒に工事現場で仕事をしたのは、現地のアフガニスタン人たちと、日本から手伝いに来た若者たちでした。用水路ができたおかげで、小麦だけでなく、いろいろな

(2) 筆者は、(1)のためには、初めにどうすることが必要だと考えていますか。〔10点〕

（　　　　）

問四 ——線③「いつも現地の人の立場だったら何をしてほしいか考え、すべてを実行しました」とありますが、中村さんが考えた次の(1)~(3)のときの現地の人の要望として最もよいものをあとからそれぞれ選んで、記号を書きなさい。一つ5〔15点〕

(1) アフガニスタンに診療所を開いたとき

(2) 井戸を掘り始めたとき

(3) 用水路を建設したとき

ア 地下水にたよらず水を得るしくみがほしい。

イ 医者がいない村が多いので、診療所がほしい。

ウ 子どもが教育を受けられる学校がほしい。

エ 病気を防ぎ、農業ができるようきれいな水がほしい。

オ 強い日差しをよけられる住む場所がほしい。

(1) □　(2) □　(3) □

作物ができるようになりました。砂漠のようだった土地が、用水路の流れる緑の大地に生まれ変わって、現地の人々は驚き、とても喜びました。その後も、近隣の住人たちに頼まれて、現地の人たちと共に用水路をつくり続けたのです。

[8] 中村さんは、井戸をつくり、用水路をつくり、農業ができるようにした。①それによってみんなが安心して暮らしていけるようになった。結果的に、アフガニスタンを平和にしようとしたのだと思います。

[9] ②中村さんは、なぜ現地の人たちと一緒に大きな仕事をなしとげられたのでしょう?

[10] 中村さんは、「そこに住んでいる人たちとよい信頼関係があること。これが武器よりも何よりも一番大切なことだと思う。それでいろいろなことができると思う」と話しています。

[11] 外国の人から信頼を得るには、相手の言い分、つまり相手の「内在的論理」を理解することから始まります。中村さんは、アフガニスタンに診療所を開いたとき、井戸を掘り始めたとき、用水路を建設したとき、③いつも現地の人の立場だったら何をしてほしいか考え、すべてを実行しました。用水路のおかげで、65万人もが水や食物に困らなくなったという功績をたたえ、アフガニスタン政府は中村さんを特別にアフガニスタン人と認定しました。これこそ真に信頼された証ですね。

問五 ——線④「世界が日本をどう見ているか」とありますが、筆者は「世界」というとき、どんな国をイメージすることを提言していますか。「アメリカやヨーロッパだけでなく～」に続くように書きなさい。〔10点〕

アメリカやヨーロッパだけでなく、

（　　　　　　　　　　　　）

問六 [⑤] に当てはまる言葉として最もよいものを次から選んで、記号を書きなさい。〔5点〕

ア たとえば　イ なぜなら　ウ ところが　エ また

［　　］

問七 ——線⑥「歴史について学ぶことの意義」とありますが、筆者は「歴史について学ぶこと」は、どんなときに役立つと考えていますか。十五字程度で書きなさい。〔10点〕

問八 この文章を大きく三つに分けるとすると、どのように分けるのがよいですか。次から選んで、記号を書きなさい。

12　日本人は、最近、少し自信をなくしているように思えますが、世界的に見れば、日本を尊敬しているとか、大好きだとかいう人がいっぱいいるな、というのが私の実感です。

13　これまで、④世界が日本をどう見ているか、というときの「世界」のイメージはアメリカやヨーロッパだったのではないでしょうか。しかし、日本はアジアの中にあります。

14　中国や韓国はもちろん、経済発展した東南アジア諸国は昔のイメージと違って、日本の重要なパートナーになってきています。

15　［⑤　］、世界196か国のうち、約150か国が何らかの援助を求めている途上国だという話をしましたね。日本は途上国に多額の援助をしている国ですが、どういう援助をしているのか、それらの国からどう思われているのか、知らない人が多いのです。だから、この本では、アジアの国々や、援助をしている中東やアフリカから見た日本についての話題を多く取り上げました。

16　それぞれの国の人たちと付き合うときに、その国と日本との間にはどのような歴史があったのかを知ることは大切です。海外に出たら、必須の知識です。そう思うと⑥歴史について学ぶことの意義がわかりますよね。

〈池上彰「なぜ世界を知るべきなのか」による〉

〔10点〕

ア　1 2 3／4 5 6 7 8 9 10 11 12 13／14 15 16

イ　1 2 3 4 5 6 7 8／9 10 11／12 13 14 15 16

ウ　1 2 3 4 5／6 7 8 9 10／11 12 13 14 15 16

エ　1 2 3 4／5 6 7 8 9 10 11／12 13 14 15 16

問九　この文章の要旨として最もよいものを次から選んで、記号を書きなさい。〔10点〕

ア　海外の国の人に援助を行う際は、その場所が安全かどうかを確かめて、自分の身を守ることをゆう先するのが大切である。

イ　日本はアメリカやヨーロッパの国々とはよい付き合いができていないが、援助を行っている途上国の人々とはよい付き合いをすることが可能である。

ウ　海外の国の人たちと付き合うには、歴史を学んで日本とどんな関係なのかを知ったうえで相手の「内在的論理」をよく理解して行動することが大切である。

エ　海外の国の人を援助するときは、自分の職業や得意分野にこだわらず、相手の要望にすべて応えることが重要である。

学習した日　月　日

時間 30分　得点　点　答え 37ページ

1

山本さんの学級では、「障がいのある人もくらしやすい社会とは」というテーマで調べたことを発表することにしました。次の山本さんの書いた発表台本と発表のときに使う資料を読んで、問題に答えなさい。

発表台本

1 わたしは、障がいがある人もくらしやすくなる工夫について、実際に町を歩いて調べました。

2 （資料❶を示す）一つ目に見つけたのは、歩道にある点字ブロックです。これは、目の不自由な人が歩くときのガイドになるものです。

3 （資料❷を示す）二つ目に見つけたのは、横断歩道にある「青延長用おしボタン付き信号機」です。これをおすと、歩行者の青信号の時間をのばすことができます。車いすの人や高齢の人は道を横断するのに時間がかかることがありますが、これがあれば安心です。

4 （資料❸を示す）三つ目に見つけたのは、スーパーマーケットの入り口にある「ほじょ犬マーク」です。「補助犬」は、盲導犬、介助犬、聴導犬のことです。これらの犬は、障がいのある人が歩くのを助けたり、代わりに物を持ってきたりし

問一　山本さんの発表は、どんな構成になっていますか。最もよいものを次から選んで、記号を書きなさい。〈10点〉

ア　1で主張を述べ、2～5で事実を述べたあと、6でもう一度主張を述べて印象づけている。

イ　1で疑問を提示し、2～5で根拠となる事実を述べ、6で疑問の答えを述べている。

ウ　1で話題を提示し、2～4で事実を述べ、5で問題と自分の意見を述べ、6で全体をまとめている。

エ　1～4で事実を述べ、5で他人の意見を取り上げて客観性をもたせ、6で主張を述べている。

問二　山本さんは発表でどんな工夫をしていますか。最もよいものを次から選んで、記号を書きなさい。〈10点〉

ア　順序を表す言葉を使って、わかりやすくしている。

イ　たとえ話をして、聞き手にイメージしやすくしている。

ウ　重要なところはくり返し話して強調している。

エ　問いかけを使って、聞き手の興味をひいている。

て、障がいのある人の手助けをします。このマークは、補助犬を連れて入ることのできる場所であることを示しています。

5 このように、いろいろな工夫を見つけることができましたが、残念なことに、町を歩いているときに、点字ブロックの上に自転車がとめられているのを見かけました。これでは、点字ブロックをたよりに歩いている人が自転車にぶつかるかもしれません。とても危険で、せっかくの工夫が①ふいになります。こうならないためには、[②]と思いました。それから、障がいのある人が危険な目にあいそうになったり、こまったりしているときは、周りの人が声をかけることも大切です。

6 障がいがある人もくらしやすくなる工夫が町に増え、困っている人に気軽に声をかけられる人が増えると、みんながくらしやすい社会になると思います。

資料❶

資料❷

資料❸

問三 あなたは発表前に山本さんから、発表をよりよくするにはどうしたらよいか教えてほしいとたのまれ、次のアドバイスをしました。[ ]に入る言葉を書きなさい。〔10点〕

アドバイス

「点字ブロック」、「青延長用おしボタン付き信号機」、「ほじょ犬マーク」という名前は、初めて聞く人がいるかもしれないから、資料のイラストに[ ]。

（　　　　）

問四 ——線①「ふいになります」とありますが、発表したあと、この部分の意味がわかりにくかったという意見がありました。意味が伝わりやすくなるよう別の表現に直しなさい。〔10点〕

（　　　　）

問五 [②]には、点字ブロックの上に人が自転車をとめないようにするための提案が入ります。最もよいものを次から選んで、記号を書きなさい。〔10点〕

ア 自分は点字ブロックに自転車をとめないようにしよう

イ みんなが点字ブロックの役目を理解することが大切だ

ウ かんしカメラで見張っておくとよい

エ 点字ブロックは歩道のはしに設置するとよい

[ ]

2

保健委員会では、毎月新聞を発行しています。今月の新聞のテーマは「食事と健康」です。保健委員の川田さんが書いた次の新聞記事の下書きを読んで、問題に答えなさい。

【新聞記事の下書き】

よくかんで食事をしよう

あなたは先生や家族から「よくかんで食べましょう」と言われたことはありませんか。そして、「やわらかいものは、別にかまなくてもいいんじゃない？」と思ったことはありませんか。この記事では、「よくかむと、どうなるの？　よくかまないと、どうなるの？」という疑問にせまります。

＊＊＊

食べ物を口の中でかむと、だ液が出ます。このだ液には、①病気を予防する、②虫歯にならないようにする、③口の中のいやなにおいを防ぐという効果があります。［①］、病気や虫歯、いやなにおいは悪い菌が原因で起こっていることが多く、だ液には悪い菌をやっつける働きがあるからです。

◎さて、だ液を出すには、食べ物をよくかまないといけません。そして、体の中の病気を防ぐには、口の中で食べ物とだ液をよく混ぜる必要があります。だから、やわらかいものであっても、少なくとも三十回はかんだほうがよいのです。

最近、食べ物や食べ方が変化してきたため、小学生のだ液

←

問一　【新聞記事の下書き】の最初にある［　］の部分には、どんな役わりがありますか。最もよいものをそれぞれ次から選んで、記号を書きなさい。〈10点〉

ア　だれもが考えそうな疑問を提示し、記事の内容に興味をもってもらう役わり。

イ　取り上げたテーマに対して、さまざまな意見があることを示す役わり。

ウ　記事に書かれている内容のポイントを短くまとめ、記事の重要さを知らせる役わり。

エ　問いかけることにより、筆者がうったえたいことを読者が予想できるようにする役わり。

［　　］

問二　［①］に当てはまる言葉として最もよいものを次から選んで、記号を書きなさい。〈10点〉

ア　ところで　　イ　ところが

ウ　なぜなら　　エ　たとえば

［　　］

問三　◎の段落には、どの疑問に対する答えが書かれていますか。［　］の中から書きぬきなさい。〈10点〉

（　　　　　　）

の出る量が少なくなってきたそうです。では、だ液をたくさん出すには、どうしたらよいでしょうか。それには、次の四つのポイントがあります。

①調理のとき、食べ物は少し大きめに切る。

あ

②かたいものを食べるようにする。

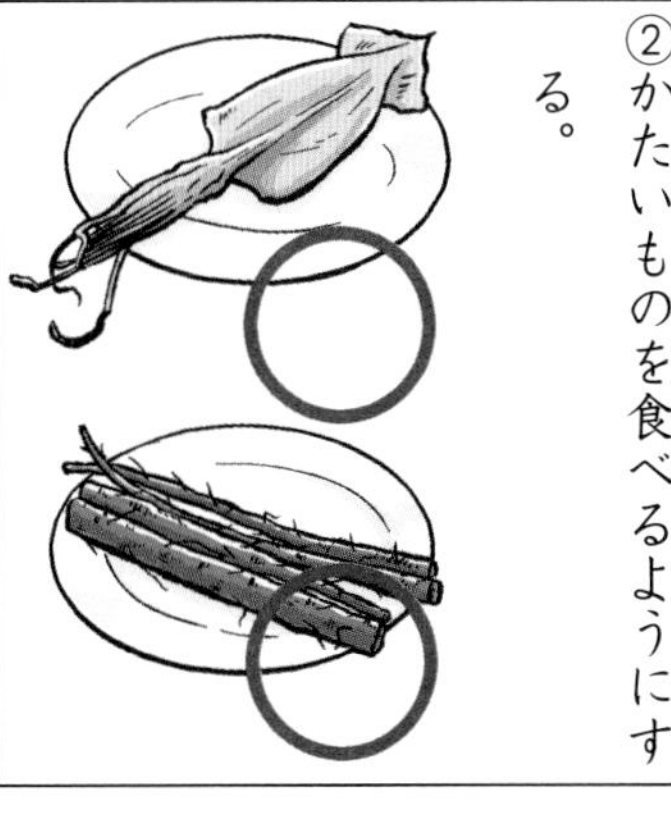

③食べるときに水分をとりすぎないようにする。

④よく口を動かして食べる。

よくかむと、病気や虫歯になりにくくなり、口の中のいやなにおいを防げるということがわかりました。逆に、よくかまないと、［②］ということもわかったと思います。

今日から、よくかんで食べましょう。

問四 あには、どんな内容のイラストが入りますか。最もよいものを次から選んで、記号を書きなさい。〈10点〉

ア 四つに切ったスイカに×の印をつけ、八つに切ったスイカに○の印をつけたイラスト。

イ 大きいりんごに○の印をつけ、小さいりんごに×の印をつけたイラスト。

ウ うすく切ったきゅうりに○の印をつけ、細く切ったキャベツに×の印をつけたイラスト。

エ 大きく切ったにんじんに○の印をつけ、小さく切ったにんじんに×の印をつけたイラスト。

［　］

問五 ［②］に当てはまる言葉を、文章全体の流れに合うように、三十五字以内で書きなさい。〈10点〉

《出題範囲》1…3章 物語文をきわめる 2…1章 漢字と言葉をきわめる 3…2章 言葉のきまりをきわめる

しあげのテスト(1)

※答えは、解答用紙の解答欄に書き入れましょう。※、。「」も一字に数えます。

満点 100点

時間 30分

答え 38ページ

1 次の文章を読んで、問題に答えなさい。

ミキちゃんは何か言おうとして、考え込んだ。首を傾げているミキちゃんの髪が優しく風に吹かれていた。

「それにさ、大人になるとひとりでいたいと思うのはヘンなんて言われなくてもいいし」

「それって、誰が言ったの」

夏の間、宇佐子はずっと気になっていた。ミキちゃんからその言葉を打ち明けられた時にずっしりとした重みのある感じが宇佐子の心臓と肺の間に引っかかって、時々、重みそのものとして蘇っていた。

「お父さんだよ」

宇佐子は返事を出来なかった。木村先生が孤立しがちなミキちゃんに①そんなことを言ったのかもしれないと思ったこともあったし、沙織ちゃんならそんなことを言いそうな気もしていた。沙織ちゃんが言ったことをエリカちゃんがわざわざミキちゃんに言うなんてこともありそうな感じはしていた。

②宇佐子の心臓と肺の間で重いものがぷるぷると震えた。

ほんとうは夏休みにおばあちゃんのところに行くはずだったんだけど、なんだかお父さんとおばあちゃんがけんかしているからさ」

ミキちゃんは「③解るでしょ」というふうに宇佐子の顔を見た。二人の前を赤いスポーツカーが通りすぎて行った。

「なんだかイヤじゃない。お父さんとけんかをしているおばあちゃんのところに行くなんて。夏休みはずっとおばあちゃんのところに行くことになっていたんだけどね」

「ミキちゃんのお母さんは病気だったの」

「うん。癌だった」

宇佐子は黙った。何と言っていいのか解らないより先に、口の中に白い綿が詰まって、黒い綿に変わったような感じだった。

「三年生の終わりだったかな。病気だって解ったのは。最初は私には教えてくれなかったのね。それから、入院するようになって」

ミキちゃんはちょっとの間、口を閉じて何か考えていた。

「入院して手術したのは、私が四年生になってからだったけ

ミキちゃんは肩にかけていたクラリネットをかけ直した。花の木公園に行く方向にむくと、風は二人の女の子の前から吹いてくる。額の髪が風に吹かれて二人の丸いおでこがつるりと顔を出した。柔らかな灰色の雲の下を吹く風は冷たかった。

「お父さんがね、ひとりでいても淋しくないなんてヘンだって言うの。お母さんのお骨を田舎のお墓に納めたくないんだって。それと、あたしにひとりでいても淋しくないのはヘンだって言うのは、ちょっと違う話なんだけど……」

ミキちゃんは新しいジャンパーのポケットに手を入れた。ピンク色の襟に顎の先を埋めて寒そうな顔をした。

「これ、欲しいって言ったら、すぐに買ってくれたんだ。でも」

宇佐子は「でも」のあとは何だろうと耳を澄ました。澄ました宇佐子の耳の中に、走ってくる自動車のエンジンの音が響いた。二人は花の木公園に行くために道路を横断しようとして立ち止まった。

「でも、あんまりうれしくないんだな」

ピンク色のジャンパーの襟に顎を埋めたミキちゃんは、自分の胸に向かって話しかけるようにそう言った。宇佐子は首を傾げるだけで、黙っている。

「お父さんがずっとお母さんのお骨を田舎のお墓に入れようとしないからね。おばあちゃんとけんかになっちゃったんだ。

年生になったのだからって教えてもらった時は、いろんなことが解る年だから、って言われたけれども、何と言ったらいいのかな。きっと、死んじゃうって解っていたような気がする。手術して、それから、ちょっとだけ家に帰ってきていたの。お母さんは。今のあの家じゃなくて、前の家なんだけど。前の家もやっぱりマンションだったけど、一階だから庭があったの。庭があるところが良いって言ってお母さんが決めた家だったんだって」

ミキちゃんはすたすた歩く。それからぽつりと言った。

「たぶん、お父さんは帰りが遅くて、心配だから言ったんだと思うけど、あたしはひとりのほうがいいの」

「そうだね」

④宇佐子はようやく言った。あとから「お父さんは心配しているんだよ」とつけ加えようとしたのに、宇佐子がゆっくりと口を開く前にミキちゃんは話し始めてしまった。

「そういう心配されるのがイヤだってことがあるじゃない。そんな心配するのなら、お父さんはおばあちゃんとけんかなんかして、あたしに余計な心配させないほうがずっといいのにね。ごまかしているんだ。あたしに余計な心配させているのを、自分のほうがあたしのことを心配しているように見せようとしてさ。そうすればお父さんは安心できるんだもの」

《問題はうらに続きます。》

《出題範囲》1…5章 説明文をきわめる 2…1章 漢字と言葉をきわめる 3…2章 言葉のきまりをきわめる

しあげのテスト(2)

※答えは、解答用紙の解答欄に書き入れましょう。※、。「」も一字に数えます。

満点 100点

時間 30分

答え 39ページ

1 次の文章を読んで、問題に答えなさい。

幼稚園や小学校で、友だちと仲よく遊んだりするとき、「相手の身になりましょう」と言われたりします。けれど、そのことの大切さをよく考えたり、毎日の生活のなかで実践できているかどうかというと、疑問が残ります。現代の社会は、意識して相手の身になろうとしなければ、①相手の身にならなくても済んでしまう仕組みになっているからです。

一つは、競争社会という仕組みです。結果を出すことを問われる成果主義の現代社会では、まず自分が勉強して資格を取得したり、いい大学に入ったり、一生懸命働いてある成果を出すことが求められます。こうした社会を生き抜くには、相手のことなんて考えないほうがいいと言う人もいます。相手のことなんて心配していたら、競争に勝てないばかりか、自分が損してしまうという思い込みも広がっています。

もう一つは、言葉に偏ったコミュニケーション社会という仕組みです。今の若い人たちは、僕が若いころと比べると話が上手で、話題が豊富、発信力がある人が多いように感じま

いうのは、もともと難しいことなのです。

さらにコロナ時代になって、オンラインでのコミュニケーションが一気に進みました。画面越しに顔を見て会話ができたとしても、やはり直接会って話をするのとは違って、相槌がぶつかったり、間合いが取れなかったり、何となく話がかみ合わないような感じがします。特に、初めて話す人はストレスを感じるでしょう。こうしたオンラインでのやりとりは、コロナ後もある程度続いていくことが予想されます。

［③］、今後も、SNSやオンラインでの発信力のあることが重視され、そうした能力をもった人が競争社会でも有利になっていくことは間違いありません。そうすると、ますます相手の身になる力がないがしろにされてしまうのではないか。僕は④これをとても危惧しています。

コミュニケーションは、キャッチボールです。ボールを投げて取る、取っては投げる、この繰り返しで相手のことが少しずつわかってきたり、相手と自分の関係性が出来上がっていきます。それには、相手がキャッチできるようにボールを

す。すばやく反応して、文章を短くおもしろくまとめたりする力は、＊SNSで鍛えられているのでしょう。気のきいた話で、周囲をクスッと笑わせることができる人は人気者。子どもたちの世界の〝＊スクールカースト〟でも上位に君臨できているのは、そういう人かもしれません。けれど、こうしたウケることを重視したコミュニケーションの陰で、自分の言葉をもつということと、相手の身になるという力は忘れがちになっているように思います。

そもそもコミュニケーションとは、言葉だけではありません。言葉はコミュニケーション全体のたったの7%といわれています。残りの93%は、声の調子、顔の表情、視線、しぐさ、態度といった言葉以外のもの。僕たちは言葉そのものより、言葉以外のものからずっと多くを受け取って、コミュニケーションをとっているのです。②どんなにいいことを言っていても、その人が踏ん反り返って横柄な態度でいたら、何か信用ができないと感じてしまうのは、そのためなのです。

SNSでのコミュニケーションのほとんどは、言葉に偏っています。どういう気持ちが込められているのか、細かなニュアンスを文字から読み取るのは、けっこう難しいもの。人によってはまったく逆の受け取り方をしてしまうこともあるでしょう。相手の姿が見えないところで相手の身になると投げなければなりません。つまり、相手の身になって、相手に伝わるように話すことが必要になります。

⑤、SNSを中心にした現代のコミュニケーションは、キャッチボールではなく、自分がいかにすばらしいボールを投げるかに終始しているように思えます。もともと不特定の相手に発信するSNSでは、誰にボールを投げているのかさえあいまいです。

自分が発した言葉に、誰かが「いいね」を返してくたら、自分という存在も認められたような気分になります。この気持ちは僕もわかります。自分の言葉をわかってくれる人、賛同してくれる人の存在はとてもうれしい。そして、もっとおもしろいこと、もっと過激なことを書いてやろうというふうにエスカレートしていきます。ある意味楽しい気分になりますが、その言葉を受け取る相手のことまで考えている人はあまり多くないでしょう。

つらいのは、暴走する言葉をもろに投げつけられた人たちです。

〈鎌田實「相手の身になる練習」による〉

＊SNS…インターネット上での情報発信や交流を目的とした会員制サービスの総称。InstagramやTwitterなど。

＊スクールカースト…学校の児童や生徒の間で発生する序列のこと。

《問題はうらに続きます。》

小学ハイレベルワーク

国語 4 年

答えと考え方

「答えと考え方」は，
とりはずすことが
できます。

1 漢字

標準レベル＋

8・9ページ

1 (1)せきしょ・エ (2)あいけん・ア (3)しんめ・ウ (4)ものおき・イ
(5)あおな・イ (6)せきじゅん・ア (7)うめしゅ・エ (8)うみべ・イ

2 (1)ア (2)イ (3)イ (4)ア (5)ア (6)イ (7)ア (8)イ

3 (1)○ (2)競走 (3)○ (4)管理
(5)漁船 (6)心機一転 (7)○ (8)決選投票

4 (1)(あ)ク (い)シ (2)(あ)オ (い)ス (3)(あ)イ (い)コ (4)(あ)ウ (い)サ
(5)(あ)カ (い)タ (6)(あ)ケ (い)セ (7)(あ)キ (い)ツ

考え方

1 漢字は中国生まれの文字です。中国での読み方にもとづく読み方が「音読み」で、その漢字の意味を表す日本語の言葉を読みとして当てはめたものが「訓読み」です。(6)「席」のように、それだけで日本語として意味のわかる音読みは、訓読みと間違えやすいので注意しましょう。

2 この中で特に筆順を間違えやすいのが、(4)「希」です。「メ」も「布」も左はらいを先に書きます。また、(1)「必」や(6)「飛」も、筆順を間違えやすい漢字としてよく出題されるので、しっかりと覚えておきましょう。

3 (2)「百メートル」を走って競うので、「競争」ではなく、「競走」です。(6)「心機一転」は、あることをきっかけとして気持ちがすっかり変わることを表す言葉です。「心機一転」のほか、「機嫌」「機転」なども、気持ちや気分を表す言葉ですが、「気」ではなく「機」を使います。

4 ここに挙げた部首は、その意味を覚えると、漢字自体の意味も推測しやすくなるものばかりです。(1)「うかんむり」なら「家・室」、(5)「のぎへん」なら「秋・種」など、部首と漢字の意味を関連づけてみましょう。

ハイレベル＋＋

10・11ページ

1 (1)イ (2)ア (3)イ (4)ア (5)イ (6)イ (7)イ (8)イ

2 (1)コ (2)ソ (3)ア (4)ク (5)カ (6)ス (7)シ (8)ケ

3 ①発達 ②便利 ③自然 ④人類 ⑤公害
⑥未来 ⑦考察 ⑧子孫 ⑨希望 ⑩試

4 (1)イ→エ→カ→ウ→ア→オ
(2)アたけかんむり ウりっとう オぎょうがまえ（別解）ゆきがまえ
カつちへん
(3)イ

考え方

1 同訓異字の問題です。それぞれ使い分けを覚えておきましょう。(1)ア「暑」、(2)イ「直」、(3)ア「冷」、(4)イ「上」、(5)ア「代」、(6)ア「計」、(7)ア「始」、(8)ア「回」と書きます。(6)「はかる」は、時間なら「計る」、長さや高さ、広さなら「測る」、重さや体積なら「量る」と使い分けます。

2 (1)**キ**「芸」の総画数は七画です。(2)「こざとへん」と(5)「おおざと」をしっかり区別しましょう。(3)**セ**「敗」は、「かい」ではなく「のぶん（ぼくづくり・ぼくにょう）」が部首になります。(8)**オ**「側」は、「りっとう」ではなく「にんべん」が部首になります。

3 文章の流れに沿って、適切な漢字を書きましょう。①「発達」は、より高度なものに進歩すること。⑥「未」は、「末」との形の違いに注意しましょう。⑦「考察」は、ある物事について、十分に調べて考えること。

4 (1)**ア**「ふし」、**イ**「いさ（む）」、**ウ**「す（る）」、**エ**「くら」、**オ**「まち」、**カ**「しお」が訓読みです。(2)**オ**「街」や「行」の部首名は「ぎょうがまえ（ゆきがまえ）」と覚えておきましょう。(3)**ア**「節（十三画）」、**イ**「勇（九画）」、**ウ**「刷（八画）」、**エ**「倉（十画）」、**オ**「街（十二画）」、**カ**「塩（十三画）」です。

2 熟語

標準レベル＋　12・13ページ

1 (1)改札　(2)求人　(3)参加　(4)努力　(5)失敗

2 (1)願　(2)案　(3)昨　(4)欠　(5)位　(6)争　(7)産　(8)席　(9)不　(10)康

3 (1)気候　(2)起工　(3)機械　(4)機会　(5)大漁　(6)大量　(7)自身　(8)自信

4 (1)(一目)散　(2)(朝)飯(前)　(3)(正)念(場)　(4)不(思)議　(5)副産(物)　(6)松(竹)梅

考え方

1 音・訓両方の読み方を確認する問題です。(1)「改」は総画数が七画です。筆順に注意して書きましょう。(3)「マイる」は、敬語でよく使われます。

2 (4)「完全」と「無欠」は、どちらも「足りないところや良くないところが全くないこと」という意味で、「完全無欠」という四字熟語で使われることもあります。対義語の中には、(9)「不満」のように、上に打ち消しの意味を表す「不」という漢字が付いて、対義語になるものもあります。「安心–不安」、「幸福–不幸」などは覚えておくとよいでしょう。

3 (2)「起工」は、「工事に取りかかること」という意味です。「キコウ」と読む熟語は、ほかに「季候・帰港・帰向」など数が多いので注意しておきましょう。(4)「機会」は「ちょうどよい時機・チャンス」という意味です。(7)「自身」は、ここでは「その人自体」、(8)「自信」は「自分の能力や価値などを信じること。また、その気持ち」という意味です。

4 (2)「朝飯前」は、「起きてから朝食を食べるまでの、ほんの短い時間でもできるほど簡単なこと」という意味です。(3)「正念場」は「しょうねんば」と読みます。(6)「松竹梅」は「しょうちくばい」と読みます。物事の格付けや等級を表すときに、良いものや優れたものから順に、「松」→「竹」→「梅」と使われます。

ハイレベル＋＋　14・15ページ

1 (1)思案　(2)反省　(3)協調　(4)希少　(5)追求　(6)辞典　(7)方位　(8)必死　(9)以外

2 (1)あ成功　い失敗　(2)あ主観　い客観　(3)あ出席　い欠席　(4)あ最低　い最高　(5)あ消極　い積極

3 (1)衣　(2)養　(3)民　(4)験　(5)徒　(6)印　(7)給　(8)録　(9)標　(10)隊

4 (1)日進月歩　(2)単刀直入　(3)二束三文　(4)古今東西　(5)有名無実　(6)理路整然

考え方

1 (1)「試案」、(2)「半生」など、同じ読み方で別の意味の熟語がある、同音異義語の出題です。特に(5)「追求」と「追究」の使い分けは難しく、テストにもよく出題されるので、しっかりと覚えておきましょう。

・追求＝目的となるものをどこまでも追い求めること。例利益の追求。

・追究＝あることをどこまでも調べて明らかにしようとすること。例真理の追究。

2 (2)あ「主観」は、自分だけの考えや見方のことです。い「客観」は、自分の考えや見方にとらわれず、ありのままを受けとめる態度のことです。(5)「消極」「積極」は、気持ちや態度を表すときによく使われ、出題されることも多い熟語です。

3 (3)「民」は「一般の人々」という意味で、ここに挙げた熟語のほか、「民主主義」など政治に関する熟語でよく使われます。(5)「徒労」は、「苦労したのに何の役にも立たなかったこと」という意味です。(6)「矢印」だけ、訓＋訓で読む熟語です。

4 (2)「短刀直入」という書き間違いが多いので、注意しましょう。(3)「三文」の「文」は、昔のお金の単位です。(4)昔から今までの間、そして、東方、西方全ての場所においてという意味からできた四字熟語です。

3 ことわざ・慣用句

標準レベル＋

16・17ページ

1 (1)イ (2)ア (3)イ (4)ア (5)エ (6)イ (7)ア

2 (1)イ (2)オ (3)ウ (4)カ (5)ケ (6)ア (7)ク

3 (1)カ (2)エ (3)イ (4)キ (5)ウ (6)ア (7)オ

4 ア・オ イ・ウ エ・キ ケ・シ(各々順不同可)

考え方

1 慣用句とは、二つ以上の言葉が結びつき、ある特別な意味を表すようになった言葉です。(4)「むね」や(5)「はら」、(6)「足」など、体の一部を表す言葉を使ったものが数多くあります。

2 (1)「馬が合う」は「気が合う」という意味です。(2)「虫がいい」は、自分の都合だけを考える、身勝手な様子。(3)「ねこの額」は、土地などがとても狭い様子。(4)「すずめのなみだ」は、量や程度などがほんのわずかしかないこと。(5)と(7)はことわざです。「かめの甲より年の功」は、長年の経験は貴重である、「能あるたかはつめをかくす」は、実力のある人は人前でそれをひけらかさないという意味です。(6)「とらの子」は、大切にして手元から離さないもののこと。

3 慣用句は、大きくとらえればたとえの一種です。たとえの表現に使われる「ようだ(ように・ような)」があとに続く形で用いられることも、よくあります。ここに挙げた慣用句も、イメージを思い浮かべながら意味を考えてみましょう。

4 ことわざは、生活の知恵から生まれた、教訓や批判を含む言葉です。ク「好きこそ物の上手なれ」とサ「下手の横好き」は、反対の意味を表します。カ「石橋をたたいてわたる」は、とても用心深く行動することをたとえたことわざです。コ「かれ木も山のにぎわい」は、つまらないものでもないよりはましだという意味です。

ハイレベル＋＋

18・19ページ

1 (1)イ・ロ (2)エ・目 (3)ア・足

2 (1)○ (2)○ (3)× (4)○ (5)× (6)○ (7)× (8)○ (9)×

3 (1)岩 (2)星 (3)校 (4)童 (5)加 (6)計 (7)暑 (8)省

4 (1)雨(あめ) (2)風(かぜ) (3)雲(くも) (4)あらし (5)台風(たいふう) (6)しも(別解)雪(ゆき)

考え方

1 (1)イ「口をはさむ」は、他人や相手が話しているときに、割り込んで何かを言うこと。ほかの三つには「鼻」が入ります。(2)エ「目を丸くする」は、何かに驚いて、目を大きく見開くこと。ほかの三つには「顔」が入ります。(3)ア「足がぼうになる」は、足がとても疲れて、思うように動かなくなる様子を表します。ほかの三つには「手」が入ります。

2 (3)「油を売る」は、仕事の途中で無駄話などをして、仕事を怠けること、(5)「目を三角にする」は、怒ってこわい目つきをすること、(7)「くちばしが黄色い」は、年が若くて経験が少ないことをいいます。(8)「黄色い声」は、女の人や子どものかん高い声のことです。(9)「取りつく島もない」は、相手がひどく冷淡で、何か頼んだり相談したりしたいのに、そのきっかけがつかめない様子を表します。

3 それぞれに当てはまる漢字は、以下の通りです。(1)あ「石」い「山」、(2)あ「生」い「日」、(3)あ「交」い「木」、(4)あ「里」い「立」、(5)あ「力」い「口」、(6)あ「言」い「十」、(7)あ「日」い「者」、(8)あ「少」い「目」。

4 (1)「雨がふろうがやりがふろうが」で一つの慣用句です。気象や天気に関係する言葉を含む慣用句には、ほかに「どこ吹く風(＝自分とは関係ないと全く気にかけない様子)」、「雲をつかむよう(＝話の内容があいまいで、とらえどころがない様子)」などがあります。(6)「頭にしもを置く」は「髪が白くなる」という意味で、「しも(＝霜)」は白髪のたとえです。

チャレンジテスト +++ 20・21ページ

1 (1)府　(2)共　(3)器　(4)景

2 (1)連続　(2)徒歩　(3)信念　(4)海軍　(5)察知

3 (1)①結果　②目標　③無残
(2)④以心伝心　⑤百発百中　⑥四苦八苦　⑦心機一転
(3)ア　(4)エ

考え方

1 (1)それぞれの漢字は、右から順に「夫人」・「都道府県」・「送付」・「府」になります。「府」には「中心になる所」という意味があり、「学問の府」は、「学問を行う中心になる所」のことです。一般に大学を指します。(2)右から「協定」・「望遠鏡」・「共学」・「公共」となります。「公共」は、社会全体という意味です。「公共機関」は、社会全体のために仕事をする機関や組織のことを指します。(3)右から「国旗」・「器用」・「四季」・「食器」となります。(4)右から「競馬」・「直径」・「景観」・「遠景」となります。「景観」は、ながめや外観のことをいいます。「遠景」は、遠くの景色のことです。

2 ㋑「念」や㋔「歩」のように、上と下の組み合わせで漢字ができるものもあるので、注意しましょう。(1)「しんにょう」は、「しんにゅう」と呼ぶこともあります。「行く」「進む」に関係する漢字に付く部首です。(2)「ぎょうにんべん」は、「行く」「行う」に関わる漢字に付く部首です。「にんべん」と形が似ているので、間違わないようにしましょう。(3)「にんべん」は、「人」に関係する漢字に付く部首です。「信念」は、自分の考えを、正しいとかたく信じる心という意味です。(4)「さんずい」は水に関係する漢字に付く部首です。「にすい」と形が似ているので、間違えないようにしましょう。(5)「うかんむり」は、「家」「屋根」などに関係する漢字に付く部首です。「察知」は、様子などから推し量って知るという意味の熟語です。

3 (1)②「標」には、「目当て・目印」という意味があります。「票」との使い分けに注意しましょう。③「無残」は、いたましいこと。または、むごたらしいことです。(2)④「以心伝心」は、思うことが言葉に出さなくても伝わることを表します。⑤「百発百中」は、放った矢や弾が、ことごとく命中することをいいます。また、予想や計画が全て思い通りになるという意味もあります。⑥「四苦八苦」は、大変な苦しみ、あるいは、さんざん苦労することという意味です。仏教の教えから生まれた言葉です。⑦「心機一転」はあることをきっかけに、気持ちがすっかり変わることを表す言葉です。「心機」は、心の動きという意味です。「心気一転」と書き間違わないようにしましょう。(3)ア「したをまく」は、とても感心し、驚くさまを表す慣用句です。イ「息をつく」は安心する、ウ「心をくだく」は気を配る、エ「むねをいためる」は心配するという意味です。(4)どんなことわざを入れるとよいかは、空欄のあとに書いてあることを手がかりに考えます。「何度でも立ち上がって努力していくこと」と関係することわざを選びます。ア「けがの功名」は、誤ってやってしまったことが、思いがけずよい結果をもたらすことを表します。「けが」はあやまち、「功名」は手がらを立てて名を上げることを表します。イ「石の上にも三年」は、物事はつらくても根気よく続ければ、最後には必ず成功するという意味です。冷たい石でも、三年座り続ければ温かくなるということから生まれたことわざです。ウ「良薬は口に苦し」は、よく効く薬ほど苦くて飲みにくいということから生まれたことわざで、本当に自分のためになる忠告は、聞くのがつらいものだという意味です。エ「七転び八起き」は、七回転んで八回起きるということから、何度失敗しても負けずにがんばることを表すことわざです。また、成功したり失敗したりを何度も繰り返すことを表すときにも使います。または、「七転八起」という言い方もします。「何度でも立ち上がって努力していくこと」に一番関係があるのは、エの「七転び八起き」です。

4 文の組み立て

標準レベル＋

22・23ページ

1 (1)あ人気は　い サッカー関係者は
(2)う練習した　え くやしかったのだ

2 (1)エ　(2)エ　(3)イ　(4)イ

3 (1)ア　(2)イ　(3)ウ　(4)ア　(5)ア　(6)エ　(7)イ

4 (1)エ　(2)ア　(3)エ

考え方

1 (1)主語は「だれが（は）」、「何が（は）」に当たる文節です。あ・いの――線はどちらも述語です。(2)述語は「どうする」「どんなだ」「何だ」「ある（いる・ない）」に当たる文節で、普通、文の終わりにあります。

2 ――線の言葉をア～エの直前に移して読んでみて、意味が通るものを選びます。例えば、(1)「まだ↓辺りにも」「まだ↓畑が」「まだ↓たくさん」「まだ↓ありました」とつなげてみると、くわしくしている部分がわかります。

3 各文の述語に着目して、ア～エのどれに当てはまるかをとらえます。(1)「通過する」、(4)「転がる」、(5)「やむ」、(6)「ない」という形に直すと、わかりやすくなります。(2)「かわいい」や(7)「おしゃれで　さわやかだ」のように、様子や状態を表す言葉は、「どんなだ」に当たります。(3)「かれ」＝「選手」というように、主語とイコールで結ばれる言葉が述語に来たときは、「何だ」となります。(6)「何（だれ）が（は）－ある（いる・ない）」は、ここにしか当てはまりません。

4 文を文節に分けるときは「ネ・サ・ヨ」を入れて自然に読むことができる部分に着目しましょう。(1)「なりそうだ」で一つの文節です。(2)「兄だけでネ／なくネ」と、二つの文節に分けることができます。(3)「日本列島」で一つの単語なので、ここを二つの文節に分けることはできません。

ハイレベル＋＋

24・25ページ

1 ①エ・キ・ケ・ス・セ　②ア・イ・オ・ク・コ・サ・ソ
（①・②各々順不同可）

2 (1)イ　(2)ア　(3)イ　(4)ウ　(5)エ　(6)イ　(7)ウ

3 ①オ　②ウ　③ア　④エ　⑤イ　⑥ア　⑦エ　⑧イ　⑨オ　⑩ウ

4 (1)①イ　②ア　(2)①イ　②エ　(3)①イ　②エ　(4)①ウ　②エ

考え方

1 ①の「子犬が」は主語、②の「いきなり」は「ほえ出した」をくわしくする修飾語です。ウ「行きました」は、「ぼくは」に対応する述語です。カ「色づいた」やタ「ふさわしいよ」も述語です。ケ「弟も」・セ「君こそ」のように、主語になる文節は「～は・～が」という形とは限りません。「～も・～こそ」といった形になることもあります。「～は・～が」にとらわれずに主語を探しましょう。六番目の文は、述語↓主語の順に並んでいます。このような文を倒置文といい、普通の語順に直すと、「にじは～美しいなあ。」となります。

2 アは「何が（は）－どうする」、イは「何が（は）－どんなだ」、ウは「何が（は）－何だ」、エは「何が（は）－ある（いる・ない）」になります。(6)「弟」＝「元気だ」とはなりませんし、「元気だ」は様子を表す言葉なので、「何が（は）－どんなだ」に当たります。

3 ①「ああ」は、感動の気持ちを表す文節で、ほかの文節と直接つながらない独立語です。⑨「タイムカプセル」も独立語で、ある事柄を提示する働きをしています。④「しかし」や⑦「そこで」は、前後の語句や文を結びつける働きをする接続語です。

4 補助の関係に注意しましょう。「～て／いる（いない）」というように、直前が「～て」という形になっていることが多いですが、(3)②のように、「～く／ない」となることもあります。

5 単語の分類

標準レベル＋

26・27ページ

1 (1)ウ (2)イ (3)ア

2 (1)ウ (2)オ (3)イ (4)ア (5)エ

3 (1)イ (2)ア (3)エ (4)ク (5)オ (6)コ (7)ケ (8)カ (9)キ (10)ウ

4 (1)動物・読書・大人・ロケット・悪意
(2)京都・平家物語・フランス・日本・富士山
(3)七月・一億円・二人・八位・第四章
(4)わたし・あっち・それ・どこ・君たち（(1)〜(4)各々順不同可）

考え方

1 単語とは、文節を組み立てている一つ一つの言葉で、これ以上細かくすることのできない言葉の最小の単位です。(1)「好きだ」は**2**の表にある形容動詞で、これ以上細かくできません。(2)「そうだ」は**2**の表にある助動詞、(3)「た」も助動詞で、これで一単語です。

2 「活用がある」というのは、文の中であとに続く言葉に応じて形が変化するということです。例えば、動詞の「泳ぐ」の場合、「泳がない・泳ぎます・泳ぐとき・泳げば」のように変化します。「自立語」は、その単語だけで文節を作ることができる単語です。それに対して、「付属語」は、それだけでは文節を作ることができず、自立語のあとに付いて、一緒に文節を作る単語です。

3 (4)「あれ」は、軽い驚きの気持ちを表す感動詞です。(5)「きらきらと」のような、活用がなくて物事の性質や様子を表す言葉は、副詞です。

4 (2)「固有名詞」は、人名、地名、国名や本の作品名など、特定のものの名前を表します。(3)「数詞」は数量や順序などを表す名詞です。「一・二〜」など数を表す言葉に注目しましょう。(4)「代名詞」の中には、いわゆる「こそあど言葉」も含まれます。

ハイレベル＋＋

28・29ページ

1 (1)①勉強する ②まちがう (2)①来る ②教える (3)①借りる ②早い
(4)①新しい ②着る (5)①さわやかだ ②心地よい

2 (1)エ (2)ウ (3)イ (4)ク (5)キ (6)ア (7)カ (8)オ

3 (1)イ (2)ウ (3)ア (4)ア

4 (1)エ (2)ウ (3)ア (4)ウ (5)エ (6)ウ

考え方

1 (3)②「早い」、(4)①「新しい」、(5)②「心地よい」は形容詞。(5)①「さわやかだ」は形容動詞。ほかは全て動詞です。(1)②は、「まちがい」では名詞になってしまいます。動詞は必ずウ段の音（-う・-く…）で終わります。

2 活用があるものとないものをまずは見分けて、活用がある場合、ウ段で終わる（→動詞）か、「い」で終わる（→形容詞）かを確かめていきましょう。
(1)「消す」＋「ゴム」、(2)「心」＋「細い」、(3)「雨」＋「上がる」、(4)「長い」＋「生きる」、(5)「遠い」＋「浅い」、(6)「石」＋「頭」、(7)「持つ」＋「帰る」、(8)「青い」＋「空」という結びつきです。

3 (1)「全然」という副詞は、あとに「〜ない」などの打ち消しの言葉を伴います。(2)「まさか」という副詞は、あとに「〜ない」などの否定の言葉を伴います。(3)「もし」という副詞は、「〜ば・〜たら」といった仮定の言葉を伴います。(4)「あたかも」という副詞をたとえの意味で用いるときは、あとに「〜ように・〜ごとく」といった言葉を伴います。これらの副詞を、「呼応（陳述）の副詞」といいます。

4 (1)**エ**「太平洋」は固有名詞、ほかは全て普通名詞です。(2)**ウ**「その」は連体詞、ほかは全て名詞（代名詞）です。(3)**ア**「笑い」は、「笑う」という動詞が名詞に変化したもので、このような名詞を「転成名詞」といいます。ほかは全て形容詞です。(4)**ウ**「遊び」は転成名詞。ほかは全て動詞です。(5)**エ**「はなはだ」は副詞です。ほかは全て形容動詞です。(6)**ウ**「小さい」は形容詞、ほかは全て連体詞です。

6 敬語

標準レベル ＋

30・31ページ

1 (1)ウ (2)ア (3)イ (4)ア

2 (1)キ (2)ク (3)ウ (4)コ (5)ケ (6)カ (7)エ (8)ア (9)オ (10)イ

3 (1)うかがう (2)いらっしゃる(おいでになる) (3)いただく (4)めしあがる (5)いたし (6)くださる

4 (1)いただいて→めし上がって (2)お聞きして→お聞き(おたずね) (3)いらっしゃいます→うかがいます(参ります) (4)およびになる→およびする (5)お父さん→父 (6)送られた→お送りした

考え方

1 (1)「です・ます」などの丁寧な言い方が、丁寧語です。(2)「お（ご）～になる」は尊敬語です。(3)「お（ご）～する」は謙譲語です。(4)助動詞「れる・られる」を使って、尊敬の気持ちを表すこともできます。

2 「行く」「来る」の謙譲語としては、「参る」のほかに「うかがう」もあります。尊敬語「めし上がる」と謙譲語「いただく」は、「食べる」だけでなく、「飲む」にも使います。

3 相手の動作を表すときには尊敬語を、自分や自分の身内（家族など）の動作を表すときには謙譲語を使います。(2)・(4)・(6)は先生の動作なので尊敬語に、(1)・(3)・(5)は、自分の動作なので謙譲語に直します。

4 (1)「ご飯」を食べる人を敬うので、尊敬語に直します。(2)「お聞きになって」も正解です。(3)「わたし」が自分の身内を連れて行くのですから、謙譲語にします。(4)「お待ちください」と同様、待たせる相手を敬う言い方をする必要があります。(5)自分の身内のことを表す場合は、「お」や「さん」を付けてはいけません。(6)「れる・られる」は尊敬の気持ちを表す表現なので、「わたし」に使うのは不適当です。

ハイレベル ＋＋

32・33ページ

1 (1)申す(申し上げる) (2)どなた(どなた様・どちら様) (3)お目にかける(ごらんに入れる・お見せする) (4)おめしになる(めす・着られる) (5)差し上げる

2 (1)お読みになる (2)お伝えする (3)お帰りになる (4)ご用意する (5)お飲みになる (6)お返しした (7)お持ちになって (8)お話しします

3 (1)イ (2)ウ (3)イ (4)イ

4 お送りして→お送り・めし上がり→いただき(順不同可)

考え方

1 (1)・(3)・(5)は謙譲語を、(2)・(4)は尊敬語を答えます。(2)「どなた」はこれだけでも尊敬語ですが、さらに「様」を付けて敬う気持ちを強く表すこともあります。(4)着ている人に尊敬の気持ちを表してその人の衣服を言うときには「おめし物」となります。

2 尊敬語では「お（ご）～になる」を、謙譲語では「お（ご）～する」を使います。(4)「ご用意する」のように、〈漢語＋する〉という形の動詞の場合は、頭に「ご」を使います（ご紹介する・ご招待するなど）。(8)「お話し」と送りがなが付くことに注意しましょう。

3 (1)尊敬語を使います。ウ「いたす」は、「する」という言葉の謙譲語なので、不適当です。(2)尊敬語を使います。ア「お会いする」は、謙譲語です。(3)謙譲語を使います。アは「うかがう」「お～する」「～させていただく」と謙譲語を重ねて使っているので、適当な言い方ではありません。「うかがう」だけで十分です。(4)先生の動作に対する言葉なので、尊敬語を使います。ウ「ちょうだいする」は謙譲語なので、「れる」を付けても尊敬語にはなりません。

4 びわを送ってくれたのは梅田さんなので、「お送りする」という謙譲語ではなく、尊敬語を使います。また、「家族全員（＝自分の身内）」に、「めし上がる」という尊敬語を使ってはいけません。「いただきました」は「ちょうだいしました」でも正解です。

チャレンジテスト　34・35ページ

1 (1)子どもたち／が／楽しみに／し／て／い／た／夏休み／が／始まり／ます。

(2)四十日間の／長い／休みですから、／この／休みを／有効に／使っ／て／ほしいと／思います。

(3)(主語)自覚が　(述語)育つでしょう

2 (1)Ⓐ歩いて　Ⓘぼくは　Ⓤもどった

(2)Ⓐ子どもたちの　Ⓘ全く　Ⓤすがたは　Ⓔなかった　Ⓞ夕方の

3 (1)エ　(2)カ　(3)ウ　(4)イ　(5)ア　(6)オ　(7)キ

4 (1)ア　(2)イ　(3)ア　(4)ウ　(5)ウ

考え方

1 (1)単語は、それ以上分けることができない言葉の最も小さい単位です。まず文節に分け、文節の中にある動詞、形容詞、形容動詞、名詞、副詞、連体詞、接続詞、感動詞を見つけます。さらに、これらの言葉の後ろについて意味をそえる働きをする助動詞、助詞を見つけるとよいでしょう。「子どもたち」の「たち」は名詞に付いて意味をそえる接尾語です。接尾語は一語にはならないので、「子どもたち」で一つの単語(名詞)になります。「夏休み」は「夏」と「休み」が合わさった複合語で、「夏」「休み」に分けることはできません。「夏休み」で一つの単語（名詞）です。「していた」の部分は「し（「する」という動詞が活用したもの）＋て（助詞）＋い（「いる」という動詞が活用したもの）＋た（助動詞）」となります。(2)文節は、「ネ」「サ」「ヨ」などを入れて区切りを確認します。「四十日／間の」では意味が通りにくくなるので、文節に分けることはできません。「使って／ほしい」は、補助の関係になっています。補助の関係は、一つずつの文節だとわかりにくいので注意しましょう。(3)主語は、「だれが（は）」「何が（は）」に当たる言葉で、述語は「どうする」「どんなだ」「何だ」「ある（いる・ない）」に当たる言葉です。「が」や「は」を手がかりにして主語を探すとよいでしょう。――線③では、「育つでしょう」は、「どうする」に当たるので述語だとわかります。「育つでしょう」の動作主は「自覚が」なので、この部分が主語だとわかります。

2 文節の係り受けを図に表すこうした問題は、述語→主語→修飾語の順で答えていくようにしましょう。(1)例を見ると、二重線の矢印は、主語と述語の関係になっています。したがって、Ⓘには主語が、Ⓤには述語が当てはまります。「どうする」「どんなだ」「何だ」「ある（いる・ない）」が述語ですが、ここでは「どうする」に当たる「もどった」が述語です。「もどった」の動作主は「ぼくは」なので、これが主語だとわかります。述語をくわしくする「歩いて」はⒶに当てはまります。(2)まず、述語が「なかった」であり、主語が「すがたは」であることをつかみます。そのあと、主語の「すがたは」、述語の「なかった」をそれぞれくわしくする言葉をとらえていくとよいでしょう。「校庭には」は、「なかった」の動作主ではないので、主語ではありません。

3 **ア**は接続詞、**イ**は副詞、**ウ**は動詞、**エ**は連体詞、**オ**は名詞、**カ**は形容詞、**キ**は形容動詞です。形容動詞は、〈名詞＋だ〉との見分けが難しいですが、「〜な」といえるかどうかや、直前に「とても」を入れられるかどうかで判断できます。**オ**の「村」は「村だ」という形になりますが、「とても村な」とはならないので、形容動詞ではなく名詞だとわかります。

4 **ア**は「する」の尊敬語、**イ**は「〜である」の丁寧語、**ウ**は「包む」を「お〜する」の形にした謙譲語です。尊敬語は敬意を表す相手の行為を表す言葉に使います。丁寧語は「です」「ます」などの言葉を使って表されます。謙譲語は、自分の行為を表す言葉に使って、その行為が及ぶ相手への敬意を示します。(1)「いらっしゃる」は、「いる」の尊敬語です。(2)「行く」に丁寧語の「ます」が付いています。(3)「〜してくださる」は相手の動作に対する敬意を表した尊敬語です。(4)「ごらんに入れる」は「見せる」の謙譲語です。(5)「相談する」を「ご〜する」という形にした謙譲語です。

7 心情と性格

標準レベル＋

36・37ページ

1
問一 おかしな格好
問二 例「彼」が腕を一本しか使わずに泳いでいること。
問三 ③エ ④ウ
問四 ア
問五 エ
問六 ウ

考え方

1 問一 ――線①のあとに、「問題は、彼の泳ぎ方！ なんておかしな格好だ」とあることに着目します。「クロール、バタフライ、犬かき、それらがごっちゃになったような」、とても「おかしな」泳ぎ方を「彼」がしていたので、「ぼく」は注目したのです。

問二 直後に、「彼は腕を一本しか使わずに泳いでいるんだ。」とあります。「おかしな格好」で泳いでいたのは、「腕を一本しか」使っていなかったからだと、「ぼく」はこのとき知ったのです。「彼が腕を一本しか使っていないこと。」など、「泳ぐ」という言葉が入っていないものでも正解です。「どんなことに気づいたのですか」と問われているので、文末は「～こと。」とします。

問三 物語文では、様子や状態を表す副詞の空欄補充問題がしばしば出題されます。前後の文の流れによく注意して、適当な言葉を選びましょう。

③「目を皿のようにして」は、物を探すときや見落とすまいと集中するときに目を大きく見開く様子を表します。「ぶしつけ」は、「礼儀をわきまえないこと」という意味です。「彼」の腕が一本しかないことに驚いた「ぼく」は、目を大きく見開いて、礼儀もわきまえずに「じろじろ」と「彼」を見つめたのです。

④「ぼく」に見つめられていることに気づいた「彼」は、「ぼく」をにらんできます。「にらんだ」という鋭いまなざしを形容する言葉としては、表情が厳しい様子や鋭い様子を表す「きっと」が適当です。副詞の「きっと」には、「明日はきっと晴れるだろう」のように、可能性が高いことを表す別の意味もあります。

問四 左腕がない「彼」のことを「目を皿のようにしてぶしつけにじろじろと」見つめていた「ぼく」は、「彼」ににらまれることで、やっと自分がどんなに失礼なことをしていたかに気づいたのです。「体中がかっかと熱くなった」は、「顔から火が出る」と同じように、恥ずかしさでいっぱいになっていることを表します。

問五 「彼」ににらまれた「ぼく」は、自分がひどいことをしていたのだと気づき、「あわてて視線をそらし」、「ごめん。つまり……」と謝ります。つまり、片腕がない人を「じろじろと」好奇の目で見つめるという自分の行為が、「彼」の心をどれだけ傷つけたかを考えて、何と言って謝ったらよいのかわからなくなったのです。

問六 「彼」は「ぼく」に対して、「おまえ、両方あるのに右に曲がるのな」と「挑戦的な台詞」を言い放ち、続けて「バランスが悪いんだ」と言いながら戻ってきますが、その姿から「えたいの知れないエネルギーがきらきらとこぼれ落ち」るのを感じて、「ぼく」は――線⑦のように動けなくなります。「彼」が自分に左腕がないことをうまく泳げない言い訳にしたり、照れ笑いをしてごまかしたりするような劣等感を抱かずに、堂々としている様子を見て、「ぼく」のほうが気後れしてしまったのです。

！注意する言葉 わきめもふらず（に）・射すくめられる

ハイレベル ++

38・39ページ

❶ 問一 例決めたことがスムーズに運ばないと、章くんはいらいらしはじめて、しばらく機嫌がなおらないから。

問二 例章くん以外のみんなと楽しく遊んでいるとき。

問三 章くんにさからっちゃいけない。章くんよりデキるところを見せちゃいけない。

問四 イ　問五 イ・ウ（順不同可）

問六 えらそうにしている

考え方

❶ 問一 文章冒頭の、「昼飯食ったら、みんな外にでろ。ひさしぶりに競泳するぞ」という章くんの言葉に「ぼくらはおとなしくうなずいて」、――線①のように行動したのです。そして「ぼくら」が急いだ理由は、直後の「決めたことがスムーズに運ばないと、章くんはとたんにいらいらしはじめて、しばらく機嫌がなおらないんだ」で、明らかにされています。競泳をすると決めた章くんを待たせて、機嫌を損ねることのないように、「ぼくら」は急いで着がえて、海辺へと飛びだしたのです。「ぼくら」が競泳を楽しみにしていたから、という理由ではないことに注意しましょう。「（章くんが）決めたことがスムーズに運ばないと」という内容は必ず入れましょう。「なぜ」と理由を問われているので、文末は「～から。」「～ので。」などとなります。

問二 ――線②の前では、砂浜で章くんを待っている「ぼくら」が、日焼けあとの自慢をしあったり、じゃがまるをからかったり、「おたがいの海パンずりおろし合戦」をしたりと、無邪気に遊んでいる場面が描かれています。こうした場面を指して、「こんなとき」といっているのです。このように、「ぼくら」が「自由で、のびのびしていられる」のは、章くんがいないからであることをおさえましょう。「章くん」という言葉は必ず使って答えを書きましょう。また、「章くんがいないとき。」という答えは、「章くんさえいなければ、と」ぼくが「ついつい考えてしまう」ときとして適当ではないので不正解です。

問三 ――線③のあとに、「章くんにさからっちゃいけない。章くんよりデキるところを見せちゃいけない。」と、してはいけないことが二つ記されています。いずれも、章くんの機嫌を損ねないように智明が助言したことなのです。

問四 ――線④のような気持ちになったのは、競泳で「ぼく」が「わざと手をぬいて章くんに負けた」からです。「ぼく」は、真剣に正々堂々と競って勝ちたかったのですが、「智明の助言」を守り、手加減をして章くんを勝たせたのです。何も知らずに一生懸命に泳いで勝った章くんに対して失礼だという思いや、正々堂々と競わなかったことへの後悔の思いが、「うしろめたい気持ち」になったのです。

問五 物語文の読解問題では重要な、気持ちの変化をとらえる問題です。「ぼく」が八百長をして勝たせてあげたにもかかわらず、章くんは「得意満面で説教をはじめ」ます。この瞬間、問四で確認した「うしろめたさ」が消え失せ、「べつの感情」が芽生えています。最終段落に「本気をだせば章くんよりも速く泳げる。それなのに、なんにも知らずにえらそうにしている章くんが、なんだかとっても、ばかみたいに見えた。」とあることに着目しましょう。「ぼく」が気を遣ったことも知らずに得意満面で説教をする章くんにいら立ち、軽べつする気持ちになっているのです。

問六 章くんの「ぼくら」に対する態度の中でも、特に話し方に章くんの性格が表れています。冒頭の「みんな外にでろ。ひさしぶりに競泳するぞ」は命令口調ですし、「いつもいってるじゃんか。～あんなんじゃ一キロ以上、泳げねえぞ」は、「ぼく」を見下すような口調になっています。こうした章くんの態度は、最終段落で「えらそうにしている」と言い表されています。物語文で人物の性格をとらえるときには、会話文の口調に着目してみるのも一つの方法です。

8 場面の移り変わり

標準レベル＋

40・41ページ

1 問一 (1)非常ベル (2)例鳴る

問二 エ

問三 ア

問四 例山火事が起こっていたから。

問五 (二つ目)玄関ホール (三つ目)北側の道路

考え方

1 問一 ——線①前後の、「皆、起きて」「ミーナも、朋子も、上に何かはおって」は、伯父さんの声です。「その間、ずっと非常ベルは鳴り続けていた。」とあることから、「非常ベル」の「鳴る」音が聞こえて目を覚ましたところに、皆を避難させようとする、伯父さんの声が聞こえてきたのだと考えられます。

問二 ——線②の「皆」は、伯母さんとローザおばあさんと米田さんのことです。ミーナと「私」が、伯父さんと一緒に一階へ下りていったときに、すでに皆が玄関ホールに立っていたことから、大人たちは非常ベルの音を聞いて、すぐに起きてきたのだと判断できます。服に着替えず寝間着姿だったということは、非常ベルが鳴るやいなや、慌てて起き出してきたことをうかがわせます。アは、非常ベルが鳴るような緊急事態なのに、眠るときのことを考えているというのが不適当です。イは、着替える暇がなかったのであって、「めんどう」というのは理由として不適当です。ウは、——線②のあとで伯父さんが「外へ出て、しばらく様子を見よう」と言っていることや皆の様子から、事態を軽く考えているわけではないことがわかるので、不適当です。

問三 登場人物の気持ちは、情景描写によって表されることがしばしばあります。例えば、登場人物の明るい気持ちは、晴れた空や、光に満ちた室内などによって、逆に暗い気持ちは、雨や厚い雲、光がない暗い室内などによって表されます。

ここでは、「光り輝いていた」クリスマスツリーが、「黒い影になって闇に沈んでいる」という、光と闇との対比で、気持ちの変化が表されているのです。少し前にある「誰もが無口だった」から、今は皆不安な気持ちになっていることがわかります。数時間前までの楽しい気持ちが、非常ベルが鳴ったことによって、不安な気持ちへと移り変わっていることをおさえましょう。

問四 ——線④のあとで、「暗がりの向こうが、うっとりするほどきれいなオレンジ色に染まっている」という描写があります。それに続く「山火事なんや」というミーナの発言によって、外が明るい原因、そして非常ベルが鳴った原因が明らかにされています。「山火事で炎が出ている」など、山火事が原因だとわかるように書いてあれば正解です。「なぜですか」と理由を問われているので、文末は「〜から。」などとなります。

問五 「私はベッドから這い出し、部屋の電気を点けようとした」とあるように、一つ目の場面は、「私」がベッドのある部屋から廊下まで移動したところが描かれています。部屋を出たあと「壁伝いに廊下を進んでゆ」き、「一階へ下りていく」という説明があります。そして、一階へ下りた「私たち」は、皆が集まっている「玄関ホール」へとやってきます。ここからが、二つ目の場面です。そのあと、「外へ出て、しばらく様子を見よう」という伯父さんの言葉に従い、玄関から外へ出たとき、外で山火事が起きていることを知ります。三つ目の場面では、さらに場所を移し、「私たちは正門の鍵を開け、北側の道路に出」ています。時や場所の変化によって場面の移り変わりをとらえるときには、時間帯がわかる言葉や場所を表す言葉にしっかり注意しましょう。

ハイレベル＋＋

42・43ページ

❶ 問一 (1)ア (2)(初め)絶対に (終わり)らない

問二 ・例定員オーバーのベンツでドライブをしたこと。

・例独身寮の空き部屋の二段ベッドで、一緒に眠ったこと。（順不同可）

問三 (1)次の朝 (2)真夜中 (3)炎が見

考え方

❶ 問一 (1)この文章は、標準レベル（40・41ページ）の文章の続きです。近所で山火事が発生したため、「私たち」は念のため避難しようと家の外に出たのですが、伯父さんだけが家の中に残っていて、なかなか姿を現さなかったのです。そこへ「ようやく」伯父さんがやってきたのですが、「いやあ、待たせたね」という落ち着いた話し方や、「皆の不安をよそに、一人洋服に着替え、髪まで整えていた。」ことから、山火事に少しも慌てず、冷静であることが伝わってきます。

(2)文章冒頭に、「私たちは不安を押し留めるように、いっそう近くに身を寄せた。誰もが誰かの身体のどこかに触れていた。」とあります。「私たち」は、誰かがそばにいてくれないと不安でたまらないのです。そこへ、「皆の不安をよそに」悠然と伯父さんがやってきて、「私たち」の輪の中に加わりました。このとき「私」は、「伯父さんのベルトを握り締め」、「絶対にこのベルトを放してはならない」と考えます。「全員一つところに固まっていれば、怖いことなど何もない」という思いがあったので、「私」は伯父さんのベルトを放すまいと考えたのです。

問二 「私たち」は、会社の独身寮に避難することになりますが、そのときの様子に着目します。「私」とミーナは、家から独身寮への「短いドライブに興奮し」、独身寮に着いてからは「興味津々で」あちらこちらを眺め回しています。そして、「独身寮の空き部屋の二段ベッドという、思いも寄らない珍しい場所で一緒に眠れることだけでうれしく、はしゃいでい」ます。山火事のおかげで、「私」とミーナが思いがけなく楽しい経験ができたことを、――線②で「少し変わったプレゼント」と言っているのです。思わぬ経験ができて、「興奮し」「興味津々で」「うれしく、はしゃいでい」るという「私」とミーナの気持ちに着目して、答えをまとめましょう。解答例の、「定員オーバーのベンツでドライブをしたこと。」は、「ベンツでドライブをする」を必ず入れて答えましょう。「独身寮の空き部屋の二段ベッドで、一緒に眠ったこと。」は、「独身寮の二段ベッドで一緒に眠る」という内容が書いてあれば正解です。「一緒に(二人で)」という内容を必ず入れましょう。「どんなことですか」と問われているので、どちらも、文末は「～こと。」とします。

問三 時を表す言葉に着目して、場面の移り変わりをとらえます。

(1)山火事が起きたのも、独身寮へ避難したのも、同じ夜の出来事です。家へ戻ったのは、「次の朝早く」です。

(2)独身寮に着いたとき、管理人さんが「真夜中わざわざ出迎えてくれ」ています。

(3)家にいて山火事が近くに迫っていたときは、「不安」でいっぱいになり「怖がっていた」「私」ですが、独身寮という珍しい場所へ避難することになって、ベンツで「ドライブ」しているときは、「本物のピクニックと同じ」ように「興奮し」、独身寮の二段ベッドでは「うれしく、はしゃいでい」ます。「炎が見えなくなる」ことで、山火事という現実も遠のいていったのです。物語文で場面の移り変わりをとらえるときには、場所や時間の移り変わりをとらえると同時に、このように登場人物の気持ちの変化にも十分注意する必要があります。

標準レベル＋

44・45ページ

1
問一 ア
問二 ・例腹が減るから、一生懸命走るなという言いつけ。
・例靴が減るから、裸足で走れという言いつけ。（順不同可）
問三 その点、貧
問四 ウ
問五 イ

考え方

1 問一 「俺」は、一生懸命走ってきたことを「得意になって報告した」のに、ばあちゃんは褒めるどころか「一生懸命、走ったらダメ」と言い、その理由を「腹、減るから」と説明しています。それを聞いた「俺」が、――線①のように「……ふうん」と答えているのです。直後に「何を言い出すのかと思いながら」とあるように、「俺」はばあちゃんの言うことを当然のことだと思っているわけではありません。「ふうん」という返事はあいまいな言い方ですし、その前の「……」と少し間があるところには、「俺」がばあちゃんの言い分に納得できていないことが表されています。

問二 「言いつけ」とは、指示や命令という意味なので、ばあちゃんが「俺」に言った言葉の中から、俺に命令していることを探します。一つ目は、「一生懸命、走ったらダメ」と、一生懸命走ることを禁止する言葉で、その理由をばあちゃんは「腹、減るから」と述べています。腹が減ると食べ物を食べたくなりますが、食べ物を買うお金がない、ということなのです。二つ目は、「裸足で走れ！」と命令口調で言っている言葉があり、その理由は「靴が減る」と説明されています。靴を買い換えるお金がない、ということです。このようにばあちゃんの言いつけは、いずれもお金がなく、貧乏であるがゆえの言いつけなのです。問題文の指示通りに「～から、～」という形で答えます。また、文末は「～という言いつけ。」としましょう。

問三 「うちは明るい貧乏だからよか。」と言っているように、ばあちゃんには、貧乏な生活を苦にする様子はありません。むしろ、貧乏よりも金持ちのほうが大変だと考えているのです。――線③の直後で金持ちの大変さを述べたあと、「その点～」から始まる一文で、貧乏の利点が書かれています。あれこれ気を遣わずに「何してもいい」から、貧乏の方がいいとばあちゃんは考えているのです。

問四 ばあちゃんは、家が貧乏であることがすばらしいことであるかのように語り続け、最後には「ああ、貧乏で良かった」と言い切っています。「明るい貧乏」「先祖代々貧乏」、金持ちは「いいもの食べたり、旅行に行ったり、忙しい。」などのばあちゃんの言葉に、「俺」はあっけにとられてしまったのです。――線④の直前の「…」が一行続く部分は、このぼう然としてしまった「俺」の気持ちを表しています。

問五 前半でばあちゃんは、うちは貧乏だからお金がかかることはするなと、「俺」をたしなめています。ただし、貧乏であることをつらい、苦しいとは考えていないことは、後半のばあちゃんの言葉からわかります。「暗い貧乏と明るい貧乏。」とは、貧乏はつらいと考えるか考えないかの違いを述べたものだといえるでしょう。「うちは明るい貧乏」で、「貧乏で良かった」と言っていることから、今の貧乏な生活を、ばあちゃんが前向きにとらえていることがわかります。**ア**は、貧乏であることをごまかすというには、ばあちゃんの言葉はあまりにも前向きすぎるので、不適当です。**ウ**の「俺」に対する悪いという思いや、**エ**の金持ちになれない悲しみは、文章中から読み取ることはできません。この物語は、語り手の「俺」の視点を通して、ばあちゃんの考え方が表現されています。物語文で主題をとらえるときは、語り手だけではなく周りにいる人物の言動にも着目しましょう。

ハイレベル ++

❶ 問一 イ

問二 例とうさんはかえってこないかもしれないと思い始めていること。(29字)

問三 例早く家に帰りたいと思って、必死になって走ってきたこと。

問四 ウ

問五 エ

考え方

❶ 問一 ① の前で、「ひと電車ごとに、乗客たちの疲労の色もこくなっていくようだった。」と述べられたあとに、「半分ねむっているような男たち」が改札をすりぬけていくとあることから、 ① には疲れ切って今にも眠りそうな、歩き方がしっかりしていない様子を表す言葉が当てはまります。

問二 直前にある「かえる、とうさんはかえる。かえる、かえる……」が、誠の念力の内容です。「じゃんけんのときだって、／(勝つ、ぜったいに勝つ)／ってとなえたら、念力で勝てるもの。」とあるように、心の中で強く念じれば願いはかなうと、誠は考えています。しかしながら、いくら念じても父の彰二が現れなかったので、念力による願いは届かず、とうさんは帰ってこないという事実を受け入れざるを得ないように思い始めているのです。「とうさんは今の電車にも乗っていなかったと思ったということ。」などでも正解です。「とうさんは」という内容は必ず入れましょう。文末は「～こと。」とします。

問三 ――線③の前から、彰二がどのように行動していたのかをとらえます。彰二は、「ダダダダと、階段を三段とばしでかけおりてき」て、「あっけにとられている誠に気づくゆとりもなく、改札口を走りぬけた」のです。一刻も早く家に帰ろうとしている彰二は、家族が駅にいるとは考えもせずに、急いで駅を出ようとしています。急いで走ってきたために、髪の毛は乱れ、汗をかいているのです。「早く家に帰りたい」「急いでいる」という二つの要素が書いてあれば正解です。「どんなことがわかりますか」と問われているので、文末は「～こと。」とします。

問四 ――線④のあとで、家族全員が自分の帰りを駅で待っていたことを知った彰二は、「ばっかだなあ、おまえたち。ばかだよ」と言っています。彰二は、最終便が着く真夜中まで、家族みんなが駅で待っていたことにひどく驚いているのです。このまさかという思いと同時に、自分が遅れたせいでみんなを長く待たせてしまってすまない、という気持ちがあり、それが「返事をきくのがこわいといった表情」になって表れたのです。

問五 登場人物の言動に着目します。

・誠たち家族…真夜中になっても駅で父彰二の帰りを待ち続ける。
・彰二…急いで家に帰ろうと汗をかきながら走る。

↓

・彼らが出会ったとき…由美はかけだして彰二に抱きつき、彰二は家族みんながずっと自分を駅で待っていてくれたことを知って、胸がいっぱいになる。彰二は家族三人を抱きかかえる。

夜遅くまで待つのも、帰りを急ぐのも、早く会いたいがためです。そして、出会えたときに抱き合うことで、再会の喜びを家族全員でかみしめています。彰二を出迎える家族と彰二との間にある、深い愛情が印象的な物語です。主題をとらえるときには、登場人物の言動から、このように強く印象に残ったことをおさえることが大切です。

注意する言葉 うなだれる・あっけにとられる

チャレンジテスト

48～51ページ

1

問一 (1)イ

(2)例 とうさんが、ふり出した雨にせかされるように急いで歩いたから。(30字)

問二 例 今日はもう、歩かなくてもいいんだと安心した気持ち。(25字)

問三 (1)(初め)境界の (終わり)ところ

(2)一面緑のだだっ広い野原

問四 (1)例 山の斜面のと中から雲に入って、見えなくなる様子。(24字)

(2)エ

問五 例 晴れて

問六 ア

問七 ア

考え方

1

問一 (1)「こんな速さ」とは、このまま歩き続けたら「じきにバテて、すわりこんでしまう」ほどで、峠まで「なんとかもちこたえられた」という、サキにとっては限界に近い速さだったのです。

(2)8行目で「とうさんが、ぽつぽつとふり出した雨にせかされるように急いで歩くので」と、速く歩いた理由が述べられています。「雨にせかされる」という内容が欠けた場合は7点減点、文末が「～から。」などとなっていない場合は2点減点です。

問二 ――線②のあとに、「安心して力がぬけたせいか、もう一歩も歩けそうもない。」とあることに着目します。この「安心」の理由は、「今日はもう、歩かなくてもいい」ということです。サキたちは、峠を当面の目標に歩いてきたのでしょう。その目標に着いたので、サキは安心したのです。「もう、歩かなくてもいい」という内容が欠けた場合は7点減点、文末が「～気持ち。」か気持ちを表す言葉になっていない場合は2点減点です。

問三 ――線③のあとに峠に関する具体的な描写があります。峠に来るまでは、聞いた話をもとに「なにか境界のような、線のような、はばのせまいところを想像していた」とあります。ところが、実際に見た峠は、「クマザサや草におおわれた、一面緑のだだっ広い野原だった」のです。

問四 (1)――線④の前後から、道の様子を描いた部分をとらえます。「雲にかくれて山の斜面の半ばで見えなくなる様子。」や「山の斜面を登っていき、と中で雲に入っている様子。」なども正解です。文末が様子を表す言葉となっていない場合は2点減点となります。

(2)「道は、少し登って、～そのままずっと空まで、登っていきそうに見えた。」とあることに着目します。道が途中で見えなくなっている様子が、「あの峠から、星に向かって、道がついてるんだって。」というかあさんの話を連想させるものだったのです。

問五 サキが峠に着いたときは、「あいにくの空もようだった」とあることから考えます。「晴れて」いれば、道が続いている山のてっぺんが見えるはずなのです。

問六 「そう聞かされても」「まだその道が、空まで続いていくような気がしてしかたなかった」と続くことに着目します。とうさんに道は山へ登って行くものだと聞かされても、かあさんが言ったように、道は星に向かっているのではないかと、サキはついつい考えてしまうのです。

問七 峠にたどり着いてから、サキがどんなことを考えているかをとらえます。「ここは、やっぱり、かあさんが話してくれた峠なんだ」(43～44行目)「またかあさんの話を思い出していた」(54～55行目)とあるように、実際に来た峠の印象と、かあさんの話とをサキは重ね合わせています。そして、問六で確認したように、実際には山へ登る道だととうさんに聞かされても、かあさんの話が頭から離れません。こうした部分から、サキにとって峠が、死んだかあさんにつながる重要な場所であり、サキがかあさんのことを慕っていることが、印象深く伝わってきます。

! 注意する言葉 まみれる・ありさま

10 筆者の考え

標準レベル＋

52・53ページ

1

問一 例ものをくわえて運ぶ才能。

問二 イ

問三 エ

問四 ほめられて

問五 例書や陶芸や蒔絵で、国宝級のものをつくり出す才能。（24字）

問六 人間の子ども

問七 ア

考え方

1 問一 ――線①のあとから、筆者が、発見したハラスの才能をためしている部分に着目します。筆者がためしてみたのは、買い物に行ったときに「ハラスがものをくわえて運ぶかどうか」ということです。そして、ハラスは、「小さめの袋に入れたものぐらいならくわえたまま家まで持ってくる」ことができたのです。「くわえて運ぶ」という内容を必ず入れましょう。文末は「〜才能。」とします。

問二 ［②］のあとに「人がほめたりする」とあるので、［②］には、ものを口にくわえて運んでいるハラスを見た人のほめる言葉が当てはまります。見ている人の目には、ものをくわえて歩いているハラスは、筆者の手伝いをしている〈立派な犬〉のように映るのです。

問三 筆者が、「鼻がぴくぴくするくらいの気持ち」になるのは、ハラスが他人にほめられたときです。飼い犬がほめられると、飼い主も同じくほめられているように感じてほこらしく、鼻が高い、ということを表しています。すぐあとで、ハラスについて「飼い主のご自慢の犬」と述べられていることにも着目しましょう。

問四 筆者が、犬にも「かなり人間の言葉がわかる」と感じたのは、ハラスがものをくわえて運ぶのを人にほめられたとき、「ほめられたのがわかるようで、なおさらすまして歩いてゆく」のを見たからです。同様の例として、――線④のあとで、「ハラスがいるところでハラスのことを話題にしているとき」のハラスの様子が挙げられており、「ほめられているときはいかにも得意げな顔つき」、「悪口を言っているときはなんとなくつまらなそうな顔になる」と述べられています。

問五 「そのめぐまれた才能」をもっているのは、本阿弥光悦です。直前に書かれているように、本阿弥光悦は「書でも陶芸でも蒔絵でも、国宝級のものをつくり出した天才」でした。筆者はここで、〈ほめると才能がのびること〉の具体例として、本阿弥光悦とその母親妙秀を挙げています。文末は「〜才能。」とします。

問六 前半では、筆者の飼い犬ハラスの行動を描き、犬が人間の言葉を理解していることの具体例として、〈ほめられると得意がる〉ということが述べられています。後半では、本阿弥光悦の例を挙げて、母親がほめることで才能をのばしたことが述べられています。この前半と後半の話をつなぐ、「人間の子どもでもそうだけれども〜」から始まる段落で、最終段落とほぼ同じ内容が述べられています。このように、随筆文では、経験したことや見聞きしたことから、筆者がどんな感想や考えをもつようになったかをとらえることが大切です。

問七 問六で確認した二つの段落で、筆者がどのような考えを述べているかに着目しましょう。「人間の子どもでもそうだけれども、自信を持たせ、才能をのばしてやるには、なんといってもほめてやることが第一だ。」「人間でも犬でも賞賛は自信を持たせる一番のくすりなんだ。」と、「ほめる」ことの大切さが、繰り返し説かれています。

注意する言葉 けなす・賞賛

❶ 問一 (1) 例 勢いよく燃えるところ。（11字）

(2)・例 終わってから蛇の形に残った灰を手でさわれたところ。

・例 燃えているときから火の行方がよく聞きとれたところ。（順不同可）

問二 たかった。

問三 ウ

問四 命を傷つけずに遊ぶためのルールや、弱い仲間を守る気持ち

考え方

❶ 問一 (1)直後に、「鉄砲花火は、ときどき手に火花が飛ぶくらいに勢いよく燃えるので、いかにも気持ちがよい。」とあることに着目します。「手に火花が飛ぶ」は、どれくらい「勢いよく燃える」かを表しています。また、「いかにも気持ちがよい」のは、「勢いよく燃える」からです。これらの内容を十字程度にまとめましょう。文末は「〜ところ。」とします。「○字程度」という字数指定があるときには、字数の八割に足りないと減点されることが多いので注意しましょう。ここでは「十字程度」となっているので、八〜十二字で答えを書きます。

(2)蛇花火が好きな理由として、まず「終わってから蛇の形に残った灰を手でさわれた」ことが挙げられています。そしてもう少し先まで読んでいくと、「しかも」という付け加える働きの接続語があって、そのあとに「燃えながら地面を這っていくので、燃えているときから火の行方がよく聞きとれた」と、二つ目の理由が述べられています。目（＝視覚）が不自由な筆者にとって、手（＝触覚）や耳（＝聴覚）で楽しめるところが、蛇花火の魅力だったのです。「蛇の形に残った」「火の行方が」という内容は必ず入れて答えを書きましょう。また、文末は「〜ところ。」とします。

問二 いろいろな種類の花火について思い出を語ってきた筆者は、――線②で始まる段落から、花火にまつわるある出来事について述べ始めます。それが「ゆうちゃんという男の子」の悪戯で、筆者があやうく大やけどを負うところだったという出来事です。「後片付けがすむと〜」とあることから、続く段落もこの出来事当日の話で、ゆうちゃんは、その日のうちに筆者の母親に謝りに行ったのだとわかります。

問三 ゆうちゃんが謝ったとき、筆者の母親は、「偉いわね、よく話してくれて。どうもありがとう」と感謝の言葉を述べています。ゆうちゃんが「嘘も言い訳もしない」で自分が悪いと素直に認めて、すぐに謝りに来てくれたことに、母親は感謝したのでしょう。そして、筆者も、――線③の直前にあるように、「正直に謝ってくれた」ことをうれしく思う気持ちがあったので、「『ありがとう』と言いたかった」のです。

問四 経験から、筆者がどんな感想をもったのかをおさえる問題です。第二段落の「手花火同士で火のやりとりをする」経験を述べた部分で、花火の火を移すときに「お互いに相手を気遣っている」様子が描かれています。これが、最終段落での「命を傷つけずに遊ぶためのルール」という感想につながるのでしょう。また、ゆうちゃんの行動が原因で大やけどを負いそうになったものの、その後すぐにゆうちゃんが謝ってくれたという経験からは、「弱い仲間を守る気持ち」を教わったと感じています。筆者が学んだことはこの二点なので、どちらも入れて「命を傷つけずに〜守る気持ち」までを書き抜きましょう。説明文で筆者の考えや主張をとらえるときと同じように、随筆文でも、筆者の考えや感想は、最後にまとめられていることが多いものです。また、随筆文では、「〜した。」という過去を表す文末の部分（＝経験）と、「〜である。」「〜かもしれない。」「〜だろう。」「〜が大切だ。」といった、現在を表す文末の部分（＝考え）とを、しっかりと見分けることが重要になります。

チャレンジテスト

56・57ページ

1

問一 (1) 例 コントロールしようとすること。
(2) 例 自然（のおおきな力）に対抗できるくらいの力。

問二 大きな犠牲

問三 冷たい空気をつくるためにでる熱が、クーラーの室外機をつうじて、どんどん外にでてしまうから

問四 ウ

問五 例 どんどん暑くなると、ますますクーラーがふえ、クーラーがふえれば、また暑くなること。

問六 ア

考え方

1 問一 「人工的に雨をふらそう」とすることについては、第一・第二段落で述べています。

(1) ――線①のあとの「自然はおおきな力をもっています。それをコントロールしようとするならば～」に注目。「人工的に雨をふらそう」とすることを、筆者が、自然を「コントロールしようとする」ことだととらえていることがわかります。11行目の「(人類が)思いどおりにしよう」も同様の内容なので、この部分を使ってまとめた解答も正解とします。

(2) 「おおきな力をもってい」る自然を「コントロールしようとするならば」、「それに対抗できるくらいの力が必要」だと書かれています。「それ」という指示語を「自然」と言い換えていない場合は7点減点となります。

問二 ――線②が、戦争の話ではないことに注意しましょう。自然を「コントロールしよう」「自然を人類が思いどおりにしよう」と考えて、「原子爆弾をつかったら」どうなるかを説明しているのです。「たくさんの人が死に、生きのこったとしても～重い病気にかかってしま」うのですから、これは「大きな犠牲」だといえるでしょう。

問三 直後に、「冷たい空気をつくるためにでる熱が、～外にでてしまうからです。」と、外が暑くなった理由が述べられています。クーラーは冷たい空気をつくって室内に送るため、室内は涼しくなるのですが、冷たい空気をつくるときには熱が発生します。そして、その熱は、室外機を通じて外に出されるので、室内を涼しくしたせいで外は暑くなってしまうのです。理由が述べられている部分を書き抜くので、「から」まで書かれていない場合は2点減点となります。

問四 [④]の前で述べられている、クーラーの仕組みをきちんととらえましょう。クーラーは冷たい空気を室内に送り、熱を外に排出するので、屋外の温度を上げる原因になっています。筆者は、みんながクーラーを使わなくなれば熱が外に出なくなり、その結果、外の気温も上がらなくなって、夏の暑さをやわらげることができると考えているのです。

問五 「こういうのを」と直前で指示語が使われているので、さらにその前の部分から、この指示語が指す内容をとらえます。暑くなる→クーラーがふえる→暑くなる→クーラーがふえる→暑くなる……というように、よくない方向へ物事がめぐっていくことが繰り返されていくので、「悪循環」なのです。「暑くなると、ますますクーラーがふえる」だけで、このあとさらに「暑くなる」ことが書けていない場合は7点減点です。文末が「～こと。」となっていない場合は2点減点となります。

問六 この単元で扱う論説的な随筆文では、説明文と同じく、筆者の主張をとらえることが重要になります。そして、筆者の主張は、説明文と同じように、最後の段落でまとめられていることが多いのです。この文章でも、筆者が最後の段落で、「自然をコントロールするなんて考えず、雨がふらないときは節水を、台風の被害を小さくするには防災対策を。」と述べていることに着目しましょう。

11 話題と要点

標準レベル＋　58・59ページ

1
問一　イ
問二　例植物の葉の役目。
問三　ウ
問四　(1)葉　(2)とげ　(3)くき
問五　エ

考え方

1 問一　「サボテンのふるさと」がどのようなところかは、直後の二段落でくわしく説明されています。選択肢の内容と比べて、違っているところはないかどうか確かめましょう。

・「さばくで雨がふるのは、一年のうち三～四か月。それもほんの少しだけです。」→イ×

・「あとは、かんかんでりの日がつづき、土も風も、なにもかもかわききってしまいます。」→ア○

・「日中はやけるように暑く、夜はこおりつくほどひえこみます。」→エ○

・「年中ものすごい砂あらしが、ふきあれています」→ウ○

したがって、「サボテンのふるさと」の説明として当てはまらないのは、イです。

問二　段落の話題やキーワードをとらえる問題です。話題とは、「～について」というまとめ方で言い表せる言葉のことです。繰り返し出てくる言葉や、段落の初めや終わりで説明されている言葉が、段落の話題を読み取る手がかりになります。☆で始まる段落でも、段落の初めでまず、「植物の葉の役目」についてという話題を示し、それから、

・大きく育つために必要な栄養分を、葉でつくりだす。

・葉の気孔から、あまった水分を蒸発させる。

・葉の気孔から、養分をとったあとの水をすてる。

といった具体例を説明する、という構成になっています。

問三　空欄前後の段落の内容をとらえましょう。前の段落では、普通の植物の葉には、水分を外に出す役目があることを述べています。一方、あとの段落では、雨の少ないさばくで同じことをすれば、「たちまちひからびてしまいます」と述べています。したがって、逆接の接続語「しかし」が当てはまります。

問四　サボテンがどのようにからだの形をかえてきたのかを、簡潔にまとめている段落に着目しましょう。一つは19行目にあるように、「葉をとげにかえて、くきの中の水分ができるだけ外ににげださないようにしている」ということ。もう一つは28行目にあるように、「わずかでも雨がふると、少しでも多く水をすいあげ、たくわえておけるように、長い時代かかってくきを太くしていきました。」ということです。

問五　気孔については、最後の二段落に書かれています。まず「気孔は～」から始まる段落で、気孔の働きについて、そして次の段落で、サボテンの気孔の特徴について述べています。サボテンの気孔の特徴については、「気孔の数」と「入り口」について具体的に述べたあと、「蒸散する水分の量は、ごくわずかしかない」とまとめています。このように、話題（＝サボテンの気孔の特徴について）に関する説明をまとめたものが、要点です。「〈話題〉は〈要点〉ということ」という形で、それぞれの段落の内容をつかむことが、説明文では大切です。

ハイレベル ✦✦

60・61ページ

❶ 問一 産卵

問二 例おふろにつかったとき、からだが軽くなったように感じた

問三 ア

問四 エ

問五 イ

問六 例ウミガメのたまごは、水中だと息ができずに死んでしまうから。（29字）

考え方

❶ 問一 文章全体の話題をとらえる問題です。ウミガメの何について書かれたものか、繰り返し出てくる言葉からとらえていきます。

問二 指示語の指し示す内容をとらえる問題です。指示語の指し示す内容は、普通、指示語より前に書かれています。見当をつけたら指示語（ここでは「それ」）に当てはめて、意味が通るかどうかを確かめましょう。「おふろにつかったとき」という内容も必ず入れましょう。

問三 アカウミガメの産卵についての説明が具体的に書かれているのは、第三・第四段落です。ア…「アカウミガメが産卵するたまごの数は一一〇個ほど。」なので、正解です。イ…たまごをうみおわると、「前足で砂をかけたり、うしろ足でふみかためたりしながら、穴をうめ」るので、間違いです。ウ…たまごをうむ穴をほるのは「左右のうしろ足」で、「前足」は使わないので、間違いです。エ…たまごをうむのは、「夏の産卵期に六回ぐらい」なので、間違いです。

問四 第一段落で、陸では浮力がはたらかないため、からだが重くてたまらないこと、ひれ足は陸上で歩くには不便で、活動するには不自由だということが説明されています。それをふまえて、第五段落で「ウミガメは危険をおかしてまでどうして陸にたまごをうむのでしょう」という疑問を提示しているのです。この段落から話題が変わるので、話題転換の接続語の「では」が当てはまります。話題は、このように読み手に問いかける形で表される場合が多いことを、覚えておきましょう。

問五 「陸での生活のなごり」とはどんなことかをとらえたうえで、――線④の内容を考えましょう。ウミガメは海でくらすようになっても、陸で生活していたときのからだのしくみが残っています。そのからだのしくみとは、直後の文にあるように、「水にとけこんだ酸素をエラからとりこんで呼吸」することができないということです。これを、イで「ウミガメは、陸上での生活に適応したは虫類なので、完全に水中でくらすからだにはなっていない」と述べているのです。アは、「水中でたまごをうめるように進化」したという部分が間違いです。ウは、「陸上でくらすときと同じように呼吸をしても、水中で何の不都合もない」という部分が間違いです。ウミガメは、水中では呼吸ができません。エは、「陸上でくらすのに必要な『ひふ』の特徴を、水中でも生かしている」という部分が間違いです。「じょうぶなウロコのような『ひふ』」の特徴が生かされるのは、陸上のようなかわいた場所で、水中でその特徴が生かされるとは書かれていません。

問六 ――線⑤の直前に「このようなわけで」とあるので、直前の段落に着目し、要点となる部分をまとめましょう。問五で説明したように、ウミガメは水中で呼吸をすることはできません。それはたまごも同じで、「ウミガメのたまごは、からを通して息をしており、水中だと息ができずに死んでしまう」のです。この部分を、三十字以内にまとめます。文末は「〜から。」「〜ため。」などとします。「ウミガメのたまごは、水中で息ができない」という理由は必ず入れて答えを書きましょう。

12 段落関係

標準レベル＋　62・63ページ

1
問一　ウ
問二　エ
問三　例他人のために服を着ていること。
問四　例思春期になって、自分が他人の目にどううつるか、とても気になるから。
問五　・子どもと見られ、あつかわれること
　・子どもとしてひとくくりにされること（順不同可）
問六　6

考え方

1 問一　たとえの表現が表す内容を理解する問題です。「着せかえ人形」とは、服を取りかえて遊ぶ人形のことです。ここでは子どもを人形にたとえて、子どもは人形のように、与えられた服をただ着ているだけだということを表しています。エのように、実際に服を着せてもらっていることを表しているのではないので、注意しましょう。

問二　接続語は前後をつなぐ働きをするものなので、2と3の内容をそれぞれおさえてから、どのような関係でつながっているかを確かめましょう。「『ある時期』以前に着る服は、すべて他人のために着ているといってもいいすぎではありません」という2の話を受けて、3で「赤ちゃん」「ちいさい子」という具体例を挙げているので、「たとえば」という、例を挙げて説明する働きをする接続語が適当です。

問三　4・5どちらにも、「他人のために」という表現があることに着目します。「他人のためにしていること。」などの解答は不十分です。「服を着ている」という説明を加えましょう。「どんなこと」と問われているので、文末は「〜こと。」としましょう。

問四　7は、
・思春期になると、子どもがとつぜんおしゃれになる。〈結果〉
↑
・自分が他人の目にどううつるか、とても気になる。〈理由〉
という文の流れになっています。「小学校の終わりぐらい」とは「思春期」に当たるので、〈結果〉の部分は、6を言い換えた表現だといえます。したがって、〈理由〉の部分をまとめればよいことになります。「7の言葉を使って」という指示があるので、7以外の言葉を使って答えたものは不正解です。文末は「〜から。」などにしましょう。

問五　8にあるように、「子どもから脱却しようと」するのが「思春期」です。したがって、9で「抵抗をしたり」「いやがったり」することとして挙げられているような、〈まだ子どもだね〉という見方を非常にいやがるものなのです。

問六　文章は普通、いくつかの段落から成っています。段落とは、文章を内容ごとに分けたまとまりで、一字下げて書かれています。これを「形式段落」といい、形式段落を内容のうえからいくつかにまとめたものを、「意味段落」といいます。「文章をいくつかに分けなさい」という問題は、このうちの意味段落に分ける問題です。どの段落で話題や内容が変わっているかをとらえることが大切です。ここでは、繰り返し出てくる「ある時期」という言葉に注目します。1〜5までは、「ある時期」より前の服を着る意味について、6からは「ある時期」よりあとの服を着る意味について述べられています。つまり、この文章は、
・親が選んだ服を着る時期（＝思春期より前）
・自分で着る服を選ぶようになる時期（＝思春期）
と、大きく二つに分かれているのです。したがって、思春期より前について述べた1〜5が前半、6からが後半となります。

注意する言葉　能力・快適・脱却・抵抗・ひとくくり

ハイレベル＋＋ 64・65ページ

❶ 問一 例山の斜面の木を切って集めたもの。
問二 ア
問三 例自分たちで食べるものから売れる作物に変わった。
問四 例お金が必要になってきたから。（14字）
問五 (1)4
(2)例焼畑に起きている大きな変化（について）。

考え方

❶ 問一 指示語の問題なので、まずは指示語のあとまで読んで、それから直前を読み返し、指示語に置き換えても意味が通る言葉を探します。ここでは、何を焼くのかといえば、「木」です。どんな木なのか、言葉を補って、答えをまとめます。「山の斜面から切って集めた木」などでも正解です。「山の斜面」という内容が不足しないよう、気をつけましょう。

問二 「一見すると森林を破壊しているようにみえる」のは、焼畑にするために木をたくさん切り、作物ができなくなったあとはそのまま放置するからです。しかし、「それはちがう」、つまり焼畑は森林を破壊していないというのです。具体的な数値が多く、全体の内容をとらえにくい部分ではありますが、数値を挙げて筆者が言おうとしていることを注意しておさえましょう。1～3で述べられている内容で重要なのは、「焼畑」は、「繰り返す」（1）、「循環する」（3）ものだということです。そして、3に「これを守るかぎり、このなかで畑は循環する」とあるように、この繰り返しでは、決まった面積しか使いません。また、「焼畑」は、使わなくなったら放置します。これによって、放置された場所は、「何十年もするとまた森になる」（1）のです。つまり、何十年という時間で考えれば森林は決して減らずにすむので、「それはちがう」といえるのです。

問三 5の段落の流れをしっかりとおさえましょう。特に、「いままでは」という過去を示す言葉や、「～ようになってきた」という変化を示す言葉に着目することで、「作物の種類」の変化をとらえることができます。「自分たちで食べるもの」はお金に換えずにそのまま食べるもの、「売れる作物」はお金に換えて別のもの（「テレビやオートバイなど」）を買うためのもの、という違いがあるのです。後半を「バナナやリュウガンやマンゴー」といった具体例のみで答えたものは解答として不十分です。また、「何から何に」という変化を答えなければならないので、「自分たちで食べるものから」という前半が書けていない場合は、不正解となります。

問四 ――線④・⑤どちらも、少し前に「お金が必要にな（る）」という言葉があります。「もっとお金が必要になれば」、「～お金がまた必要になる。それで」とあるように、お金が必要になった結果として、「半分くらいの年数でそこを使う（＝地力が回復するのを待たずに、焼畑にしてしまう）」、「焼畑の面積を増やす」ということが起きているのです。文末は「～から。」などにしましょう。

問五 共通する話題や内容は何か、繰り返し出てくる言葉や、話題を示した文に着目してとらえます。問二で確認したように、前半では、「繰り返す」「循環する」と、似た言葉を何度か使って、森林を破壊せずにすむ焼畑の仕組みについて説明しています。これを受けて、4で「でも、いまこの焼畑に大きな変化が起きている。」と新しい話題を示して、以下でこの「大きな変化」について説明しています。つまり、前後半の話題をまとめると、

1～3＝焼畑の仕組み
4～7＝焼畑に起きている大きな変化

となります。「いま起きている焼畑の問題。」などでも正解です。

注意する言葉
循環・生活水準

13 要旨と要約

標準レベル＋

66・67ページ

1

問一 例からだの脂肪の量が多い人。
問二 (1)食べ物 (2)エネルギー
問三 ウ
問四 栄養素
問五 8
問六 ア

考え方

1 問一 1・2に着目しましょう。1では、「ふとっていてもやせていても、からだを動かしている心臓や胃、肝臓などの大きさや重さは、あまりちがいません。」とあります。つまり、心臓や胃、肝臓などの大きさや重さから、ふとっているか、やせているかが決まるわけではないのです。何が基準になるかは、2に書かれています。それは「からだの脂肪の量のちがい」です。脂肪が多い人がふとっており、脂肪が少ない人がやせているのです。脂肪が多すぎて健康上の害がでてくると肥満となります。文末は「〜人。」としましょう。

問二 ――線①の直後に「食べ物が食べられないことがあってもだいじょうぶなように」とあります。食べ物が食べられないときにも、からだの中にたくわえられた脂肪がエネルギーのもとになるのです。5の冒頭に「脂肪はエネルギーを出す」とあることにも着目しましょう。

問三 脂肪について説明されているのは、2〜7です。選択肢の内容と比べて、違っているところはないかどうか確かめましょう。

・「脂肪が多すぎて、健康上の害がでてくると、肥満になります。」→ア○
・「食物は、からだの中でこなごなになって、それにふくまれている脂肪、炭水化物、たんぱく質が燃えて熱を出します。」→イ○
・「わたしたちのからだにとって、脂肪はだいじな成分なのです。〜ちょうどよい脂肪の量をたくわえておくことがたいせつです。」→ウ×
・「脂肪のうすい膜で内臓をつつんでささえる〜ことによって、それぞれの臓器は位置が安定し、〜」→エ○

したがって、脂肪の説明として当てはまらないのは、ウです。

問四 9に着目しましょう。この文章では「栄養」と「栄養素」の二つを明確に定義しています。「食物を食べ、消化し、その中の成分を吸収して利用」したり、「不要になったものを尿や便や汗として排泄」したりするいとなみが「栄養」で、「このとき役に立つ成分」が「栄養素」です。

問五 文章の前半では、脂肪が話題になっていて、「ちょうどよい脂肪の量をたくわえておくことがたいせつです」と述べています。そして、後半では、「ちょうどよいたくわえが必要なのは、脂肪だけではありません。」と述べて、文章の結論へと論を進めています。したがって、1〜7が文章の前半、8以降が後半です。

問六 説明文では、普通、文章の最初か最後に筆者が最も述べたいこと、最も大切なことが書かれています。これを「要旨」といいます。この文章でも、最後の10に、健康な生活を送るためには、「必要な栄養素を、じょうずに組み合わせて、食べることがたいせつ」、「十分な栄養素をうまくとりこみ、ちょうどよい量をたくわえておくことが必要」（＝ア）と書かれています。これが、筆者がこの文章を通して述べたかったことです。

イ…「適度な運動」をしようということは、文章中に書かれていません。
ウ…「どの栄養素がどんな働きをするかを理解」しなければいけないとまでは書かれていません。エ…健康な生活を送るためには、ちょうどよい量の脂肪が必要なので、誤りです。

ハイレベル ++

68・69ページ

❶ 問一 例ごみをへらすため。
問二 (栄養がいっぱいの)皮や根や生長点。
問三 エ
問四 野菜に生命力がある
問五 ア
問六 ウ

考え方

❶ 問一 7行目「吉田さんは、最初はそんな気持ちから、堆肥のかわりに生ごみを使ってみた」という部分に注目します。「そんな気持ち」は「生ごみを土にもどせば、そのぶん、ごみがへる」という直前の内容を指しています。吉田さんは、最初から生ごみが野菜づくりにとても役立つということに気づいていたわけではなく、ごみの量をへらそうとして生ごみを土にもどしたということをおさえましょう。問題文で「どうするためでしたか」と問われているので、答えの文末は「〜ため。」で終わるように書きます。

問二 ――線①の前後を読んで、当てはまる内容を探します。生ごみには野菜くずがふくまれており、野菜くずのほとんどは皮や根や生長点で、そこに栄養がいっぱいあるためによい土になるということをとらえましょう。

問三 吉田さんが生ごみを入れた土で野菜をつくったところ、りっぱな野菜が育ちました。吉田さんは、その理由として、生ごみに「野菜のいちばん元気なところ」が入っているからではないかと考えました。それを確かめるために、実験をしたのです。考えたことと実験の内容は、自然なつながり方をしています。そのため、②に当てはまる接続語は、予想される内容が次に来るときに使われる**エ**の「そこで」です。**ア**の「ところが」は、前の文と反対になるような文が次に来るとき、**イ**の「あるいは」は、前の文と後ろの文を比べるとき、**ウ**の「なぜなら」は、前の文の理由を述べるときに使われます。

問四 普通、野菜はいたんでくると黒っぽく変色します。しかし、生ごみを入れた土で育てたナスは、実の白い部分が緑色がかっていました。緑色は植物の芽や葉の色です。その色を見て吉田さんは、「生きようと、がんばっている」と感じたのです。「つまり」という言い換えの働きをする接続語が使われているので、その前後の「生きようと、がんばっている」と「野菜に生命力がある」はだいたい同じ意味です。問題文に「九字で」という指示があり、「〜ということ。」に続く言葉なので、この二つの条件に合う「野菜に生命力がある」が正解となります。

問五 「そんな」が指し示している、前に書かれた内容を読み取りましょう。実験の結果を見て、吉田さんは、もともと野菜だった生ごみが新しい野菜を育て、その野菜がわたしたち人間を育てるといういのちのつながりに気づいて感動したのです。**ア**の「地中の小動物」の話は文章中に出ていないので、当てはまりません。

問六 この文章では、吉田さんが生ごみを入れた土で野菜を育て、その野菜がりっぱに育った理由を調べるために実験したことが書かれています。その実験の結果から、吉田さんは菌のすばらしい力に気づいたのです。したがって、**ウ**が正解です。**ア**…新しく育った野菜のにおいについては書かれていません。**イ**…吉田さんは、最初、ごみの量をへらすために生ごみを堆肥がわりに使いましたが、筆者がこの文章で最も伝えたいことは、生ごみを使うことでごみがへらせるということではなく、生ごみが菌の力によってびっくりするほどおいしい野菜をつくることに役立つようになるという点です。**エ**…野菜の料理方法を考える必要性については、文章中に書かれていません。

チャレンジテスト

70〜73ページ

1

問一　イ

問二　例エアコンで部屋を冷やすばかりでは、健康をそこない、電気エネルギーも消費するから。（40字）

問三　イ

問四　(1)あイ　いウ　(2)あア　いウ

問五　(1)例軒下に開けた小さな穴を通して、外の空気を室内にとりこむしくみ。

(2)例清浄で暖かい状態。（9字）

問六　家をつくる

問七　ア

問八　(1)11　(2)7・8・9・10　(3)12・13・14・15・16（(2)・(3)順不同可）

問九　ウ

考え方

1

問一　1の「エアコンなどの機械にたよらないで」「自然の涼しい風を部屋にとりこむことで」などが手がかりになります。

問二　直前の一文に、その理由が二つまとめられています。「エアコンで冷やすと」という内容が欠けた場合や、「健康をそこなう」「電気エネルギーを消費する」のどちらかが書けていない場合、5点減点です。文末が「〜から。」「〜ため。」などとなっていない場合は2点減点となります。

問三　4の弱点を受けて、5で窓を小さくしたり壁に断熱材を使ったりするようになったという結果を述べているので、順接の接続語が入ります。

問四　2・4〜6に着目します。日本の伝統的な家では通気がよい分、空調が効きにくく、現在の家では気密性を高めた分、部屋の空気がよどみやすい、というように、ほぼ正反対のつくりになっていることをおさえましょう。

問五　(1)「このしくみによって〜外の空気が入ってくる」とあるので、「外の空気が入ってくる」のはどんなしくみか、前の段落からおさえます。「冬には〜あまりありません。」の一文は、「このしくみ」で何が起きるかを説明した部分なので、ここをまとめたものは不正解です。

(2)「つねに室内は清浄にそして暖かくたもたれます」と、すぐあとにあります。「清浄」は「きれい」などとしても正解です。「清浄」「暖かい」どちらかが欠けた場合は5点減点、文末が「〜状態。」となっていない場合は2点減点です。

問六　12・13では、12冒頭で要点を述べたあと、「地域の気候や風土に合った材料」＝「地域特有の材料」の例を挙げ、13でそのような材料を使うとよい理由をいくつか述べています。

問七　14の内容をとらえましょう。わらやかやには、

・空気をふくんでいる（空気の層がある）ので、断熱材になる。
・雨にぬれても、囲炉裏の熱で自然に乾燥する。
・囲炉裏の煙でいぶされるので、小虫の害が防げる。

という利点があるのです。アの内容は、文章中に書かれていません。

問八　7にある、「北欧では」冬でも「夜寝るときは窓を少し開けておく」理由の説明が10まで続き、11で「東南アジアやアフリカ」の話に移っています。そして、問六・問七でも見たように12〜16で、「地域の気候や風土に合った材料」を使った家づくりについて述べられています。17は、文章全体のまとめの段落になります。

問九　話題の提示は、文章の初めに書かれていることが多いことを思い出しましょう。この文章では、1に自然の涼しい風を部屋にとりこむ「パッシブ空調」について書かれています。そのあとも、北欧の家づくりなどと比べながら、日本の伝統的な自然をとりいれた家づくりについて述べられています。

14 表現のくふう

標準レベル＋　74・75ページ

1 問一 イ
問二 (1)ざんざか雨も　ふっとくれ　(2)ウ
問三 ウ

2 問一 ウ　問二 ③ウ　④イ　問三 エ

考え方

1 問一 この詩では実がなる木々が登場するので、「実りの秋」という点に注目していることがわかります。

問二 (1)対句とは、似た構成で、対になる言葉を並べた表現です。
(2)「ざんざら風も　ふいとくれ」「ざんざか雨も　ふっとくれ」の部分は、木々の風や雨に負けない強さを表していると考えられます。

問三 「青い秋」の「青」は、空の青くすんだ様子を表していると考えられます。秋は空気がすんで、ひときわ空が青く見えます。美しい青空のもと、色とりどりの果物が実る様子がえがかれています。

2 問一 反復法は、同じ言葉を繰り返す表現技法です。「今年も夏が来たら」「あの川へ」が繰り返されることによって、夏が来たらあの川へ行こうと楽しみにしている気持ちが伝わってきます。

問二 ――線③は、行末が「にじ色」と体言（名詞）で終わっています。こうした表現技法を体言止めといいます。余韻を生む効果があります。
――線④の倒置法は、語順を入れかえる表現で、内容の印象が強まります。

問三 「にじ色の魚」は、「わたしの思い出の中を」「いつも　ゆらゆら泳いでいた」とあります。魚をとって遊んだ楽しい思い出を「わたし」が何度も思い返していることがわかります。

ハイレベル＋＋　76・77ページ

1 問一 五（連）　問二 エ　問三 秋
問四 例山の斜面をのぼっているところ。
問五 ①エ　②ア　③ウ　④イ
問六 ウ　問七 ア
問八 ・例何百匹ものあかとんぼの群れ。
・例あかとんぼの羽。（順不同可）
問九 イ

考え方

1 問一 行が空いているところが、連の切れ目です。

問二 現代の言葉で書かれ、音数にきまりがないので口語自由詩です。

問三 「あかとんぼ」は秋に見られる昆虫です。季節を読み取るときは、登場する動植物や気候を表す言葉に注目します。

問四 「頂上」「斜面」「のぼっていく」などを手がかりにしてまとめます。

問五 ①語順が入れかわっているので、倒置法です。②「ように」を使ってたとえているので直喩です。③同じ言葉を繰り返しているので、反復法です。④「ように」を使わずにたとえているので隠喩です。

問六 詩では、山を登っている途中、あかとんぼの群れがあらわれたところが描かれています。あかとんぼは「とつぜん」あらわれ、「何百匹」と大群だったため、人々は驚いて、美しさに感動していると考えられます。

問七 「打ち込まれた杭」の様子として適当な言葉を選びましょう。杭は細長くて固いものなので、アの「ぴしっと」が当てはまります。

問八 第四連の「りぼん」は、「地上と天をむすぶ」とあるので、あかとんぼの群れのたとえ、第五連の「りぼん」は、直前に「すきとおる　うすい羽」とあるので、あかとんぼの羽のたとえとわかります。

問九 アの「擬態語」、ウの「呼びかけ」、エの「問いかける表現」は使われていません。イが正解です。

チャレンジテスト　78・79ページ

1
問一　六（連）
問二　エ
問三　(1)例人間　(2)好きだ
問四　エ
問五　稲妻のごとく
問六　イ
問七　ア
問八　ぼくはきみのことが大好きだ
問九　ウ

考え方

1 問一　詩の中の行が空いているところが、連の切れ目です。この詩では、空いている行は五つあるので、六連で構成されているとわかります。

問二　現代の言葉で書かれており、音数にきまりがないので、口語自由詩です。昔の言葉で書かれている場合は文語で、音数にきまりがある場合は定型詩です。

問三　第一連では、「木は～から好きだ」という内容が繰り返されています。「黙っているから」「歩いたり走ったりしないから」「愛とか正義とかわめかないから」と木が好きな理由が書かれていますが、これは、人間が話したり、歩いたり、愛とか正義とかわめくのに対し、木はそういうことをしないから好きだということを言っていると考えられます。

問四　「木は囁いているのだ　ゆったりと静かな声で」などの表現は本来、「木はゆったりと静かな声で囁いているのだ」となるはずですが、語順が入れかわっています。こうした表現技法を倒置法といいます。倒置法を使うと、言葉の印象を強めることができます。「木は囁いている」「木は歩いている」といった表現は、木を人に見立てているので擬人法です。七行目と八行目と九行目は対になる表現が似たような構成で並んでいるので、対句法です。合わないものは、エの体言止めです。

問五　直喩は、比喩の一つで、「ようだ」「ごとく」などの言葉を使って表します。「稲妻のごとく」は、木が根をはりめぐらす様子を稲妻の形にたとえて表現しています。

問六　――線①のあとの内容に注目します。「見る人」は、木が囁いていたり、木が歩いていたりするように感じることができ、木が愛や正義そのものであるということを見抜いている人です。そういう人に当てはまるのは、イです。ア…「小さな変化」については描かれていないので、適当ではありません。ウ…木が囁いたり歩いたりするというのは木の生態ではないので間違いです。エ…「木が囁いている」ということを感じ取ることができるのは「知識」や「経験」があるからではないので、適当でありません。

問七　「ひとつとして同じ星の光りのなかで／目ざめている木はない」とあるので、それぞれの木のなかにそれぞれの星（＝宇宙や世界）があるということを表しています。

問八　気持ちを表している言葉に注目します。第一連でも「好きだ」と述べていますが、これは問三でも解説したように、人間のようなことをしないから「好きだ」という消極的な理由から発せられる「好きだ」という気持ちです。第六連では、ほかの生き物と協調し、個性のある木に対する「大好きだ」という気持ちが述べられているので、最も気持ちが表れている部分だと考えられます。

問九　第三連では、木の静かでたよりになる様子、ほかの生き物にやさしい様子などが描かれています。また、第四連から第五連では、個性がある様子が描かれています。これらの内容に最も合うのはウです。アは、「生存競争の頂点に立ち」「おそれるもののない」という点は描かれていないので間違いです。イは、「ほかの生き物を寄せ付けない」という点が間違いです。エは「ほかの生き物よりすぐれた」とは読み取れないので間違いです。

15 短歌・俳句の表現

標準レベル＋

80ページ

1 問一 イ　問二 (金色のちひさき)鳥
問三 (1)の　(2)ア
問四 (1)ア　(2)[例]色鉛筆の粉の赤色。

考え方

1 問一　本来は「夕日の岡に銀杏ちるなり」となるはずですが、語順が入れかわっています。こうした表現技法を倒置法といいます。**ア**…擬人法は人でないものを人に見立てる表現技法です。**ウ**…省略法は、述語に当たる言葉などを省略する表現技法です。余韻を生む効果があります。(あ)の短歌には使われていません。**エ**…(あ)の短歌は、体言(名詞)でない「に」で終わっているので、当てはまりません。

問二　「銀杏」の葉の形に似ているものを短歌の中から探しましょう。

問三　(1)問題文に「くり返されて」とあるので、繰り返し出てくる音に注目します。すると、「の」という音が繰り返されているのがわかります。

(2)「大和の国」→「薬師寺の塔」→「一ひらの雲」と広い視点から写真のズームアップのように絞り込み、高い視点へと転じています。したがって、**ア**が正解です。**イ**は、「三句切れ」が間違いです。(い)の短歌は句切れなしです。**エ**は、「倒置法で」が間違いです。**ウ**は「枕詞を使って」「さびしい情景」が間違いです。

問四　(1)句切れは、意味や調子が切れているところを探します。この短歌は、「草わかば」でいったん意味が切れているので、初句切れです。

(2)(う)の短歌では、「草わかば」の緑色とその上にちる「色鉛筆」の粉の赤色が対照的に詠み込まれています。

ハイレベル＋＋

81ページ

1 問一 (あ)(季語)すすき　(季節)秋
(い)(季語)雪　(季節)冬
(う)(季語)春の月　(季節)春
問二 [例]すすきに意外な重さがあったこと。
問三 (1)けり　(2)エ
問四 (1)ア　(2)イ

考え方

1 問一　季語には、動植物や気候、食べ物、行事などがあります。(う)「月」のみだと秋の季語ですが、「春の月」だと、春の季語です。

問二　(あ)は、「折り取ると、はらりと手に重さを感じるすすきであることだ」という意味です。すすきは、生えているときは風を受けて揺れているので、いかにも軽そうです。しかし、折って手に取ってみると、「はらり」と思ったよりも重さを感じ、作者は驚いたのです。「どんなこと」と問われているので、答えの文末は「～こと。」とします。

問三　(1)切れ字には、「や」「かな」「けり」などがあります。俳句の中にこれらの言葉が入っていないか探しましょう。

(2)(い)は、「(雪がどれほど積もったか気になって、家族に)何度も雪の深さを尋ねたことだ」という意味です。この俳句は、病気で寝ている作者が外の様子が知りたくて、何度も家族に雪の深さを尋ねているという状態を詠んだものです。

問四　(1)「外にも出よ」は、「外に出てごらんなさい」という意味で、ここで意味が切れています。

(2)春の月は、空にかすみがかかり、大きく見え、ぼんやりと光るという特徴があります。その情景をとらえて、「触るるばかりに(手に触れそうなくらい)」と表現しています。

チャレンジテスト ＋＋＋　82・83ページ

1
問一　(あ)白妙の　(い)久方の
問二　[例](天の香具山に、)白い衣が見えたこと。
問三　エ
問四　(1)ウ　(2)[例]柳の木陰がすずしくて気持ちよかったから。

2
問一　(1)(季語)朝顔　(季節)秋　(2)[例]やさしい性格。
問二　(1)かな　(2)ふうはりふはり
問三　イ
問四　(1)エ　(2)ア

考え方

1
問一　枕詞は、短歌で使われる表現技法で、ある特定の言葉の前に置いて言葉の調子を整えたり、意味をそえたりする働きをします。「白妙の」は、衣服を作る材料になるもので、「衣」「帯」などの言葉の前に置かれます。「久方の」は、「光」「天」「空」などの言葉の前に置かれます。
問二　現代語訳にある「天の香具山に、白い衣がはためいている」というところに着目します。作者は、衣がえの季節になると天の香具山に衣がほされるということを聞いていたのです。そこで、天の香具山に白い衣がはためいているのを見て、夏が来たと感じたのです。
問三　「なぜ〜散っているのだろうか」と疑問の形ですが、桜に長く咲いていてほしいという気持ちを表しています。
問四　(1)句切れを見つけるときは、短歌の意味や調子の切れ目を探しましょう。現代語訳を見ると、「柳かげ」の後ろで意味が切れているのがわかります。五・七・五・七・七の三句目で切れているので、三句切れです。
(2)作者がどんな状況に置かれているか読み取りましょう。清水が流れる柳の木陰で立ち止まったということなので、木陰に思わず立ち止まりたくなるような暑い季節なのです。そうすると、長居をした理由は、柳の木陰がすずしくて気持ちがよかったからだとわかります。

2
問一　(1)季語は、季節を表す言葉で、一つの俳句に一つ入るのが基本です。(あ)の季語は、「朝顔」です。朝顔は八月ごろにさかりをむかえるので、夏の花かと思うかもしれませんが、秋の季語となっています。これは、季語は旧暦(昔のこよみ)に従って分類されているためです。旧暦では、二月から四月が春、五月から七月が夏、八月から十月が秋、十一月から一月が冬となります。
(2)(あ)は「井戸の水をくもうと思ったら、釣瓶に朝顔が巻きついていて、(引きはがすのもかわいそうなので)近所から水をもらった」という意味です。作者のやさしさが伝わってきます。
問二　(1)切れ字には「や」「かな」「けり」などがあります。切れ字のあとで必ず意味が切れます。また、切れ字には、意味を強調する働きがあります。(い)の俳句の「かな」のほか、(う)や(え)にある「や」も切れ字です。
(2)擬態語は、「にこにこ」「じろじろ」など動作の様子を表す言葉です。「ふうはりふはり」は、雪が降る様子を表す言葉です。
問三　(う)は、「見事な月だなあ。ながめて池の周りを歩いていると、いつの間にか、夜が明けていたことだ」という意味です。月の美しさに見とれて、時間を忘れていた様子が描かれています。
問四　(1)「二軒」と体言(名詞)で終わっているので、体言止めが使われています。体言止めには、余韻を残す効果があります。
(2)(え)の俳句は、大雨が続いてはげしく流れる大河のそばに、家がぽつんと二軒立っているという様子を描いています。「大河」は力強い自然を、「家二軒」は小さな存在としての人間を表し、この二つが対比されています。**イ**…(え)は様子がそのまま写しとられており、「やさしさがこめられている」という点が適当ではありません。**ウ**…「さみだれや」は平がなになっていますが、「大河」と「二軒」は音読みの熟語が使われており、やわらかい印象は受けません。**エ**…「雨のめぐみの喜び」は読み取れません。

16 物語文

標準レベル＋ 84〜87ページ

1 問一 例明日までにピアノを弾けるようにしなければというあせり。（27字）

問二 ウ　問三 (1)ウ　(2)しぶしぶとレッスンに行き

問四 (1)例レッスン日以外にも、先生からピアノを教えてもらえること。（28字）

(2)期待

問五 ア　問六 (1)ア　(2)イ

考え方

1 問一 第四段落に「火曜日のレッスン日」とあります。明日がレッスンなのに、ピアノが弾けるようになっていないことが「あせり」の原因です。「明日がレッスンなのに、弾けるようになっていないあせり。」などでも正解です。文末は「〜あせり。」としましょう。

問二 次の段落に、「お母さんは先生に、申し訳ない、はずかしい、感謝します、と深々と頭を下げた。」とあります。自分の子ども（＝私）のために、「わざわざ先生が自分の時間を割いてまで教えてくれる」ことに対して、「私」のお母さんは、「申し訳ない」と謝り、「はずかしい」と我が子のできの悪さを嘆き、「感謝します」とありがたく感じています。

問三 (1)——線③に続けて述べられている、「私」の気持ちに着目しましょう。「せっかくの休みにレッスンに行く」こと、「きっと私は三日くらい前から猛練習をして、なんとか弾けるようになれるはず」であること、「本番で先生が恥をかかないための補習レッスンとしか思えなかった。」こと、この三つが「腹立たしかった」理由として挙げられています。

(2)補習を受けさせられるのが「腹立たし」く、前向きな気持ちになれないために、「私」は「しぶしぶと」レッスンに向かっています。

問四 (1)会話の流れを追っていきましょう。「うらやましいよ」と言われた「私」は、「えっ、何が」と聞き返します。するとみどりちゃんは、「レッスン日以外にも、先生から教えてもらえるなんていいなあ」と答えています。「レッスン日以外にも」という内容が欠けた場合は不正解です。「先生から」という内容も必ず入れましょう。文末は「〜こと。」としましょう。

(2)みどりちゃんの言葉に「耳を疑った」「私」が反論すると、「さえちゃんには上手になってもらいたいんだよ。期待してるの、先生は。」と答えています。補習を受けることになった「私」が、自分より先生に期待されているように思えて、みどりちゃんは「うらやましい」と思ったのです。

問五 ——線⑤の「ほかの人」は、ここでは「みどりちゃん」を指しています。「私」とみどりちゃんの会話に着目すると、「あまりにも下手だから、しょうがないから」補習をやるんだという「私」の考えを、みどりちゃんは真っ向から否定しています。みどりちゃんがまるで正反対の見方をすることに、「私」が強い衝撃を受けていることが、——線⑤前後で繰り返される「怖い」という言葉からわかります。

問六 (1)「どうしても練習をする気になれない」「本番になればどうにかなる」「三日くらい前から猛練習をして、なんとか弾けるようになれるはず」といった言葉から、きちんとやらなければいけないことをやり遂げない、少しいいかげんな面が感じられます。

(2)「私」とみどりちゃんの会話が終わった直後に着目します。「みどりちゃんならできると先生が確信した」「みどりちゃんはきちんと家で練習してきて」と、真面目に取り組んでいることが伝わる言葉が並んでいます。

❶
問一 エ 問二 焼きもちを焼く
問三 例意地悪な顔をして、栄太をだましているすがた。
問四 ・(——)栄太、楽でしょ。
・(——)栄太はうれしい？
・(——)ぼく、役に立った？ （順不同可）
問五 (1)エ (2)イ
問六 例栄太が「エイト」と名前をつけてくれたこと。
問七 ア 問八 ウ 問九 イ

考え方

❶ 問一 次の文の「なんだよ～エイトばっかり。」を手がかりに考えます。「ばっかり」のあとには「ほめて」などの言葉が省略されていると考えられます。つまり、自分の周りの人たちがみんなエイトに注目して、好意を示すのを面白くないと感じているのです。

問二 「焼きもちを焼く」は、しっとするという意味の慣用句です。

問三 「ぼくの知らないところで、しめしめって意地悪な顔をして、ぼくをだましているエイトをみつけるつもりだったのに」とあるところに着目します。栄太は、エイトのこうしたすがたを見つけようと思ってイヤホンを耳につけたのです。解答の文末は「～すがた。」とします。

問四 エイトの会話の部分から探しましょう。

問五 (1)栄太は、AIロボットについて、「なにをやってもAIロボットのほうが優秀で、そのうち人間はやることがなくなるんだ」と言っています。この内容をエイトが言い直したのが「人間の場所をうばうためにいる」という言葉です。これらを手がかりに考えます。
(2)エイトの考えは、「人間の暮らしを手助け、つまりアシストするためにいるんだ。」という会話からとらえることができます。

問六 エイトはAIロボットで本当の心はないのですが、感情のシステムが入っています。人の役に立つことが目的で、それが達成できると人間の「うれしい」に近い感情をもつと述べられています。しかし、エイトがサッカーのユニフォームの胸番号8をなでて、「エイト、エイト。ぼくの名前は、エイトだぞ。栄太がくれたぼくの名前……。」とうれしそうにつぶやいているところは人の役に立つという目的から外れています。システムでは説明できない感情の動きが描かれており、読者がエイトというAIロボットに人間味や親しみを感じるエピソードとなっています。

問七 栄太は、エイトからAIロボットの目的が「人の役に立つこと」で、果たせると人間で言う「うれしい」という感情になるということを聞きます。さらに、たくさんデータを集めるとAIロボットはもっと人間の役に立つことができると聞き、新しい経験をしてデータをたくさん集めるとエイトがうれしいと感じると考えて、「できるだけたくさん、はじめての経験をさせてあげたい」と思ったのです。

問八 この場面での栄太の気持ちの変化をとらえましょう。栄太がイヤホンをつけたときはエイトをうたがう気持ち、今まで起こったことを再生してエイトが自分の役に立ててうれしそうにしていることに気づいたときはうたがったことを後悔する気持ち、エイトを起動させてAIロボットの目的や感情のシステムのことを聞いたときは、今度は自分がエイトになにかしてあげたい、喜ばせたいという気持ちに変化しています。

問九 栄太は、エイトのことを悪だくみをしているのではとうたがっていましたが、それが間違いだと気づくと、反省して今度は自分がエイトになにかしてあげたい、喜んでもらいたいと思っています。したがって、正解は**イ**です。**ア**…「お人よし」は、何でも善意に受け取る気のよい人をいいます。栄太はエイトに対しうたがったりしっとしたりしているので、当てはまりません。**ウ**…栄太はエイトに自分の気持ちを伝えているので、適当でありません。**エ**…栄太には「細かいことがつい気になってしまう」という言動は見られないので、当てはまりません。

17 説明文

標準レベル＋

92～95ページ

1
問一 いのち　問二 イ
問三 (1)心臓　(2)動脈　(3)静脈　(4)心臓
問四 （初め）人間の体も　（終わり）いう考え方
問五 例〝心〟があるところ。（8字〈10字〉）
問六 イ
問七 例（人間が作った科学技術に、）人間のほうがふりまわされてしまうという問題。（22字）
問八 ⑧船　⑨クジラ
問九 生きものは生きものからしか生まれないというきまり
問十 ウ・オ（順不同可）

考え方

1
問一 前の行にある「それ」も同じ内容を指しています。「生きている時には、いのちがあったのに～」に着目しましょう。

問二 「〝いのち〟を知るには、生きものを調べてみればよい」という考えにもとづいて、「人間の体のはたらきを調べる研究が進」んだのですから、順接の接続語「そこで」が当てはまります。

問三 直前の一文に書かれている、ウィリアム・ハーヴィが発見したことが、「血液循環論」の具体的な内容です。

問四 ――線④より前の部分に、「人間の体も、機械のように」とあることに着目しましょう。そして、設問文の「どのような考え方ですか」という表現も手がかりに、「～考え方」でまとまっている部分を探します。

問五 ――線⑤を含む段落の内容に着目します。段落の後半に「ここは機械と違うのではないだろうか。」とあるので、この「ここ」が指す内容をまとめます。文末は「～ところ。」とします。

問六 ――線⑥を含む段落で、科学の考え方や立場が説明されています。「それ（＝いのちとか心とか呼ぶべきもの）は、～生きものが生きていることといっしょにある」というのが、いのちや心に対する科学の考えです。この内容に合うものを選びましょう。

問七 すぐあとに、科学技術が生んだ「携帯電話」によって、「人間関係がこじれた」という話が挙げられています。このように、科学技術によって、人間の暮らし方や考え方が大きく左右されてしまっていることを、「なんだか人間のほうがふりまわされてしまう」と、筆者は問題視しています。文末は「～（という）問題。」とします。

問八 ⑧と⑨には、「船」と「クジラ」のどちらかが当てはまることを、まず、文脈から読み取りましょう。それから、すぐあとにある「機械は～、生きものは～」という説明を手がかりに、「誰かがなおさなければならない」ものは何か、傷が「自然になおってしまう」ものは何かをとらえましょう。

問九 肉汁とバクテリアの関係の実験によって、何がわかったのかを、すぐあとからおさえます。生きものは「何もないところから出てきた」のではなく、生きものから生まれてきた、ということがわかったのです。これを、「生きものは生きものからしか生まれないというきまり」と筆者はまとめています。書きぬき問題では、一字でも間違えたら不正解です。一字一句きちんと書き写しましょう。

問十 説明文ではよく見られるように、この文章でも、最後の段落に筆者の最も言いたかったことがまとめられています。言いたいことを述べるとき、特に強調したい言葉は、「　」や〝　〟といった符号を使って表す場合が多いことを覚えておくとよいでしょう。この文章の最後の段落でも、〝自律〟と〝いのちを大切にしている〟が強調されています。筆者が言いたいことは、この二点なのです。この二点を説明した選択肢を選びましょう。

！注意する言葉　状態・基盤

❶ 問一 イ　問二 [4](から)[6]
問三 例太陽の(顔にでている)黒点。
問四 (1)例毎日の天気の変化にも、太陽の影響を受けて1か月くらいの変化があること。
(2)例何か月も先まで天気予報をすること。
問五 ア　問六 ④エ　⑥ウ
問七 例「信じられない！　ウソでしょ？」という意味。
問八 イ・エ(順不同可)
問九 観測したデータは、いつまでもゆるがない、絶対的な存在だ
問十 ア

考え方

❶ 問一 [1]ではこれまでの内容が述べられ、新しい話題については、[2]で提示されていることをおさえます。話題の提示は、「～ではないのだろうか」など、疑問を投げかけてあるところが手がかりになります。

問二 [3]では、太陽の変化の中のいちばんすばやい変化について述べられています。この内容について、[4]から「もっと正確にお話しすると」とくわしく説明されています。同じ内容の説明が続くのは[6]までです。[7]からは、新しい内容が述べられています。段落の役割をとらえ、まとまりを見つけましょう。

問三 [5]では、「太陽の顔に黒点がでていたとしましょう。」と、太陽の黒点の話題になっていることをおさえましょう。

問四 (1)指示語は、前の内容を指し示すことが多いので、――線②の前の内容に注目して探します。「毎日の天気の変化にも、1か月くらいの変化があるということ」が直接指し示している内容です。しかし、これでは意味がややあいまいです。そこで、[6]に書かれている内容に注目します。指し示している部分は、太陽の影響を受けた変化なのだとわかるので、その内容を補って解答にします。

(2) [8]にある「太陽からの影響があるのだとしたら」「1か月というリズムが本当にあるのだとしたら」に続く部分に、大発見により可能になることが述べられています。「～だとしたら」は仮定の内容を表します。仮定により推測される内容は、そのあとに書かれていると予想できます。

問五 観測した結果が述べられている[10]の内容に着目します。

問六 毎日の天気の変化に太陽が影響しているかどうかを調べるために、筆者たちは雲の観測をしました。[10]では、その観測の結果わかったことが述べられているので、④には、順接の接続語である「すると」が当てはまります。また、[12]で、アメリカの研究者に面白いと言ってもらえたと思っていた筆者でしたが、信じていないふんいきの研究者まで「イントリーギング」と言ってくるという予想されない展開になっているので、⑥には逆接の接続語である「ところが」が当てはまります。

問七 「イントリーギング」という言葉を、筆者は辞書どおりに「とても面白い」という意味で使っていると考えましたが、アメリカの研究者たちは「信じられない！　ウソでしょ？」という意味を込めて使っていました。意味の食いちがいをとらえましょう。

問八 ――線⑦の直前に「データがそうなっている以上」とあるので、観測したデータにある「謎」、つまり、不思議な部分や説明がつかない部分を探します。観測したデータについては、[10]に述べられています。赤道に近いあたりで、雲に1か月のリズムがあること、さらに、太陽の黒点の変動によりリズムが生じたり消えたりするということが「謎」に当たります。

問九 「逆に言えば」という言葉を手がかりにします。言い換える際に使われる言葉には、このほか、「つまり」などがあります。[17]にある「誰がやったとしても、結果は同じになる」も似た内容ですが、字数が条件に当てはまりません。字数もヒントにして探しましょう。

問十 [17]に述べられている内容に合うものを選びます。

チャレンジテスト

100～103ページ

1 問一 ハシケン先生（と）大久保先生（の会話。）（順不同可）
問二 例子どもたちにきちんと夢を発表させること。（20字）
問三 イ　問四 (1)ウ　(2)ア
問五 子どもみたいに小さくなる　問六 エ　問七 ア
問八 例ハシケン先生が、大久保先生の意見にしたがわなかったことにおどろいたから。（36字）
問九 ウ

考え方

1 問一 直前に「ハシケン先生と大久保先生が、話している。」とあるところに着目します。「ぼく」は、その会話を立ち聞きしているのです。「ハシケン先生」は「橋本先生」と答えても正解です。

問二 「保護者の前で、みっともないことはできませんよ」と大久保先生は言っています。「みっともないこと」とは、夢がないと発表したり、夢を言いたくないということを発表したりすることです。大久保先生は、「ゆめ発表会」という行事で、ほかのクラスと同じく、きちんと子どもたちに夢を発表させることが先生の役目だと考えているのです。文末が「～こと。」となっていない場合は2点減点です。「子どもたちに無理やり夢を発表させること。」なども正解です。

問三 「熱かったほおはすっかり冷めて、寒いくらいだった」というのは体が冷たくなったように感じられたことを表しています。登場人物の気持ちは、このように身体の感覚として表されることもあるので、気持ちを読み取る際の手がかりにしましょう。直後に「夢を言わないと、ハシケン先生が、怒られてしまうのかな。」とあるので、ハシケン先生を心配する気持ちが影響して寒く感じたのだと読み取れます。

問四 「ゆめ発表会」を前にして、夢は「言いたくない」「夢が決まっていない」と言っている子どもがいるという状況です。大久保先生はそういった意見を発表するのは保護者に対してみっともないと考えています。しかし、ハシケン先生は、ありのままを発表することが子どものためだと考えています。こうした違いから、二人の人物像を読み取ります。

問五 比喩は、物事の様子を別のものにたとえる表現技法です。「子どもみたいに小さくなる」は、ハシケン先生が大久保先生にしかられて、体を縮めている様子を子どもにたとえています。

問六 「息を止めた」は、はっと驚いた様子を表しています。大久保先生にさとされ、うなだれていたハシケン先生が、「でも！」という言葉に続けて、大久保先生に反論したことに、「ぼく」は驚いたのです。

問七 「肩をおとす」は、がっかりした様子を表す慣用句です。ハシケン先生は、子どもたちがありのままを発表することを大久保先生に反対されたので、がっかりしているのです。「肩をいからす」は肩を高くはり、いばる態度を表します。「肩で風を切る」は、得意そうに歩く様子を表します。「肩を組む」は、複数人で親愛の気持ちを表します。

問八 「ぼく」は、大久保先生が「三組だけ勝手なことをしてもらっては困る。」と言ったのを聞きました。ハシケン先生はその意見を無視できないだろうと思っていたのに、予想とは違うことを言ったため驚いたのです。「ハシケン先生がみんなに、夢をかならず発表するようにと言うと思っていたから。」なども正解です。文末が「～から。」などになっていない場合は、2点減点です。

問九 「教室はホッとした空気に包まれたけれど」とあるので、クラスのみんなと「ぼく」の気持ちに大きな違いがあることがわかります。「ぼく」が胸に感じる「痛み」は、ハシケン先生は子どもたちの味方をして大丈夫なのだろうかという心配からきています。**ア**…ハシケン先生は、大久保先生の言葉を理解していないのではないので、不適当です。**イ**…ハシケン先生は大久保先生の前と子どもの前で意見を変えているわけではありません。同じ意見をおし通しています。**エ**…「喜んでいるみんなを見て、悲しい気持ちになった」という部分が間違いです。

チャレンジテスト +++

104～107ページ

1

問一 イ

問二 例中村さんが井戸や用水路をつくり、農業ができるようにしたこと。(30字)

問三 (1)例そこに住んでいる人たちとよい信頼関係ができたから。

(2)例相手の「内在的論理」を理解すること。

問四 (1)イ (2)エ (3)ア

問五 (アメリカやヨーロッパだけでなく、)例アジアの国々や日本が援助をしている中東やアフリカの国もイメージすること。

問六 エ

問七 例海外の国の人たちと付き合うとき。(16字)

問八 イ 問九 ウ

考え方

1

問一 1で中村さんを「真の援助とは何かを身をもって体現した人」と紹介していることや、11で「これこそ真に信頼された証ですね。」と書かれていることを手がかりに考えます。キーワードをおさえて具体例を挙げた理由をとらえましょう。

問二 指示語は、多くの場合、その前に書かれている内容を指し示します。文末が「～こと。」となっていない場合は2点減点です。

問三 (1)9で疑問を投げかけ、10でその答えを述べています。中村さんが話した内容から考えを読み取ります。文末が「～から。」などになっていない場合は2点減点です。

(2)筆者が考える(1)のために初めに必要なことは、11に述べられています。「外国の人から信頼を得るには」と「～から始まります」という部分に着目すると、この間に述べられていることが信頼関係を築くために初めにしなければならないことだとわかります。「相手の言い分を理解すること。」という解答でも正解です。文末が「～こと。」となっていない場合は2点減点となります。

問四 (1)…診療所を開いたときの現地の人の要望は3に、(2)…井戸を掘り始めたときの現地の人の要望は4～5に、(3)…用水路を建設したときの現地の人の要望は5に手がかりとなる内容が書かれています。

問五 筆者は、13～15で、これまでの「世界」のイメージはアメリカやヨーロッパだったけれど、これからはアジアの国々や日本が援助をしている中東、アフリカもイメージすることが大切だと述べています。

問六 15は、14の内容に付け加える内容が述べられているので、累加の接続語である「また」が当てはまります。

問七 ――線⑥の直前に「そう思うと」とあるので、「そう」が指し示している内容をとらえます。その前を見ると「それぞれの国の人たちと付き合うときに、その国と日本との間にはどのような歴史があったのかを知ることは大切です。」とあります。「それぞれの国の人たちと付き合うとき。」では意味があいまいなので、「海外の国の人たち」など内容を補ってまとめます。文末が「～とき。」となっていない場合は2点減点です。「十五字程度」という指定があるので、十三字～十七字で答えましょう。

問八 1～8には、国際援助の成功例として、中村さんのアフガニスタンにおける活動について述べられています。9～11には、中村さんの活動が成功した理由についての考察が述べられています。12～16には、今後、海外の人々と付き合う際に重要となる視点について述べられています。

問九 11に国際援助を成功させるため、相手の「内在的論理」を理解して信頼を得ることの重要性が述べられており、16に海外の人たちと付き合うには、歴史を学ぶことが大切だと述べられています。これらをまとめたウが正解です。エは中村さんが行った活動ですが、「自分の職業や得意分野にこだわらず」というところが大切なのではなく、「相手の『内在的論理』を理解する」ことが大切なので、要旨として不適当です。

注意する言葉 体現・見るに見かねる・必須

思考力育成問題　108～111ページ

❶ 問一　ウ　問二　ア
問三　例名前を文字で入れるとよいと思う
問四　例むだになります　問五　イ

❷ 問一　ア　問二　ウ
問三　(一)やわらかいものは、別にかまなくてもいいんじゃない？(二)
問四　エ
問五　例病気や虫歯になりやすくなり、口の中のいやなにおいが発生しやすくなる(33字)

考え方

❶ 問一　1～4は、町を歩いて見つけたものと調べた事実が述べられています。5には、事実の問題点を挙げ、それを解決するための提案が述べられています。6は、全体のまとめとなる意見を述べています。したがって、ウが正解です。

問二　山本さんは、1～4で事実を述べるときに「一つ目」「二つ目」「三つ目」という順序を表す言葉を使い、まとまりがわかるように話しています。**イ**…たとえ話は山本さんの発表台本には出てきません。**ウ**…発表台本の中に同じ内容を繰り返し話しているところはありません。**エ**…問いかけの表現は、「～でしょうか。」「～ではないでしょうか。」などです。山本さんの発表台本では使われていません。

問三　資料を見せながら話をするとき、キーワードとなる言葉、あるいは聞き取りにくいなじみのない言葉は、文字にして見せると、聞き手が理解しやすくなります。

問四　発表をするときは、聞き手になじみのある言葉を使った方が意味が伝わりやすくなります。「台無しになります」なども正解です。

問五　**ア**…自分だけ自転車をとめないようにしてもほかの人がとめたら意味がないので、適当な提案といえません。**イ**…みんなが点字ブロックの役割を理解すれば、自転車をとめなくなる可能性が高まります。最も適当な提案です。**ウ**…かんしカメラで見張っても、点字ブロックの上に自転車をとめる人がわかるだけで、点字ブロックの上に自転車をとめること自体は防げないので、適当な提案といえません。**エ**…点字ブロックが歩道のはしにあると、壁や塀にぶつかったり道路を走る車との距離が近くなったりするため危険です。適当な提案といえません。

❷ 問一　記事の最初に置かれる短い文章は「リード文」と呼ばれ、記事の大まかな内容がまとめられていたり、読者の興味を引く内容が書かれていたりします。このリード文では、「よくかまないと、どうなるの？」など、だれもが考えそうな疑問を提示しています。読者がその答えが気になって読み進めることを期待しているのです。したがって、正解は**ア**です。

問二　文末が「～からです。」となっているので、理由を示す接続語である「なぜなら」が当てはまります。

問三　◎の段落の「やわらかいものであっても」というところに着目します。リード文で挙げられた疑問の中で、これと関連するのは、「やわらかいものは、別にかまなくてもいいんじゃない？」という疑問です。

問四　まず、イラストは、だ液をたくさん出すためのポイントであるということをおさえます。すると、「調理のとき、食べ物は少し大きめに切る」とは、口の中に入れて少しかんだだけでは飲みこめないくらいの大きさに切ることが○で、少しかめば飲みこめるくらいの大きさに切ることが×になっているイラストが正しいとわかります。

問五　直前の「病気や虫歯になりにくくなり、口の中のいやなにおいを防げる」という部分と逆の内容であれば正解です。最後の部分は「口の中がいやなにおいになりやすくなる」などでも正解です。「～ということもわかった」に続くように、解答の終わりは言い切りの形にしましょう。

しあげのテスト(1)

巻末折り込み

1 (1)ひとりでいたいと思うのはヘン
(2)ア　(3)1お父さ〜に行く　2イヤ
(4)何と言って
(5)エ　(6)1例淋しい　2心配　3ごまかしている

2 ①(あ)泣　(い)鳴　②(あ)開　(い)明　(う)空　③(あ)熱　(い)暑　④(あ)計　(い)量
⑤(あ)帰　(い)返　⑥(あ)冷　(い)覚　⑦(あ)指　(い)差

3 ①イ→例わたしが先生のお荷物をお持ちします。
②ウ→例母が先生に申し上げたいことがあるそうです。
③ア→例来ひんの方がぼくたちの絵をごらんになりました。
④ア→例工場長が、わたしたちの質問にお答えになりました。
⑤イ→例校長先生が児童の作品をおほめになりました。

考え方

1 (1)　指示語の指し示す内容は前に述べられていることが多いと覚えておきましょう。直前の「お父さんだよ」というミキちゃんの言葉は、「それって、誰が言ったの」という宇佐子の質問に対する答えです。そこで、この「それ」が指す、お父さんが言った内容に着目します。

(2)　「ひとりでいたいと思うのはヘン」という言葉を言ったのがミキちゃんのお父さんだと知ったときの、宇佐子の気持ちについて考えます。宇佐子はその言葉に、「ずっしりとした重みのある感じ」をもっています。そんな重い言葉を言ったのが、いちばん子どものことをわかってくれるはずのお父さんだということに、ショックを受けているのです。

(3)　前後でのミキちゃんの発言に着目します。言葉の順序を整理すると、ミキちゃんが言おうとしているのは、「お父さんとおばあちゃんがけんかしているから」、「おばあちゃんのところに行くなんて」「なんだかイヤじゃない」ということになります。

(4)　ミキちゃんのお母さんが癌で亡くなったと聞いたショックで、宇佐子は黙っていたのです。「口の中に白い綿が詰まって、黒い綿に変わった」というたとえを使って、ショックのために何も言えなくなった様子が述べられています。

(5)　「うさぎのように」というたとえが何を表すかをとらえます。「うさぎのように」考えが飛び跳ねるとは、自分でその考えをうまくコントロールできないということです。

(6)　直前と、その一つ前のミキちゃんの言葉に着目します。ミキちゃんに対するお父さんの「心配」が、お父さん自身の「淋しい」という気持ちを「ごまかす」ためのものだとミキちゃんにはわかっていて、ほんとうのことを言わないお父さんにいら立ちを感じているのです。

2 ①(あ)「泣く」は人間の場合、(い)「鳴く」は動物の場合に用います。②(あ)「開ける」は閉じているものをひらく場合、(い)「明ける」は一定の期間が終わる場合、(う)「空ける」は中身をからにする場合に用います。③物の温度が高い場合には(あ)「熱い」、気温が高い場合には(い)「暑い」を用います。④(あ)「計る」は時間をはかる場合、(い)「量る」は重さをはかる場合に用います。⑤(あ)「帰る」は人がもとの場所に戻る場合、(い)「返る」は事物がもとの状態に戻る場合に用います。⑥(あ)「冷ます」は熱いものを冷やすという場合、(い)「覚ます」は目がさめる場合に用います。⑦(あ)「指す」は指で示す場合、(い)「差す」は光線が入ってくる場合などに用います。

3 ①「お（ご）〜になる」は尊敬語、「お（ご）〜する」は謙譲語の表現です。②**ウ**「おっしゃる」は「言う」の尊敬語なので、身内である「母」の動作には使えません。「申し上げたい・申したい」となります。③**ア**謙譲語「はい見する」と、尊敬語「なさる」が混用されています。「来ひんの方」の「見る」という動作を敬う表現に直します。④**ア**「工場長」の動作を尊敬語にする必要があるので、「お答えになりました」となります。⑤動詞に「れる・られる」をつけると尊敬語になる場合もありますが、**イ**は「おほめになる」「れる」と尊敬語を二重に使っている点が誤りです。「校長先生が児童の作品をほめられました。」でも正解です。

しあげのテスト(2)

巻末折り込み

1 (1)・競争社会という仕組み。
・言葉に偏ったコミュニケーション社会という仕組み。(順不同可)
(2)例 態度など言葉以外のものから多くを受け取って、コミュニケーションをとっているから。
(3)③イ　⑤ウ
(4)例(発信の能力をもった人が競争社会で有利になり、ますます)相手の身になる力がないがしろにされてしまうこと。
(5)ア
(6)例(SNSを中心にした現代のコミュニケーションには、)人々に賛同してもらおうとして、言葉がエスカレートしていくという危険がある。(37字)

2 ①ア　②ウ　③イ　④エ　⑤ウ

3 (1)ありました　(2)エ　(3)③ア　④ウ
(4)それ／に／対し／て／秋祭り／は、／神様／に／豊作／を／感謝する／ため／に／行わ／れる／もの／が／ほとんど／です。

考え方

1 (1)「一つは、〜」「もう一つは、〜」という言葉に着目して、二つの仕組みをつかみます。

(2) ——線②の直後の「そのため」が指し示すところを考えます。「態度など」という内容が入っていなくても正解です。文末が「〜から。」などになっていない場合は2点減点です。

(3) ③ のあとは前の内容から予想できる内容が書かれているため、順接の接続語が入ります。⑤ の前後は、相反する内容が書かれているため逆接の接続語が入ります。

(4) 答えを指示語の部分に当てはめてみて、意味が通るか確認しましょう。直前の一文の冒頭に「そうすると」と指示語があることにも注意して答えをまとめましょう。

(5) 筆者は文章中でコミュニケーションをキャッチボールにたとえています。ボールを取っては投げるという繰り返しで、相手のことが少しずつわかってきて、関係性が出来上がっていくと述べているのでアが正解です。

(6) SNSを中心にしたコミュニケーションの危険について書かれているのは「自分が発した言葉に〜」から始まる段落です。ここでは、自分の発言に誰かが「いいね」を返してくれたら、自分の存在が認められたような気分になり、人々に賛同してもらおうと、発言がエスカレートしていくという危険が述べられています。「自分の存在を認めてもらおうと言葉がエスカレートし、人を傷つけてしまう危険がある。」なども正解です。文末を「〜危険。」とした場合は2点減点です。

2 ①「顔が広い」という場合の「顔」は、「交際範囲」「知名度」を表します。②「頭が下がる」は、非常に感心して、尊敬する気持ちを表す慣用句です。③「目に余る」→「見ていられない」→「することがひどすぎて見ていられない」と考えましょう。④「気が置けない」をイの「気を許せない」という意味だと誤解している人が多いので、注意しましょう。「遠慮がいらない」「気楽に付き合える」という意味です。⑤「しびれを切らす」は「長い時間座っていて足がしびれる」という意味が転じて、「待ちくたびれて、がまんできなくなる」という意味でも使われるようになりました。

3 (1)「もともと」をあとの各文節の直前に入れて、意味が最も自然に通じるところを探しましょう。

(2) ——線②は打ち消しを表す助動詞で、「かからぬ」と置き換えることができます。**ア**・**イ**は形容詞、**ウ**は「おさない」という形容詞の一部、**エ**が「足りぬ」と置き換えられ、打ち消しを表す助動詞です。

(3) ③「暑さ」は、「暑い」という形容詞から転じてできた名詞です。④「はやりやすい」という言い切りの形になる形容詞です。

(4)「感謝する」は一単語、「ほとんどです」は二単語です。

2 1 0 9 8 7 6 5 4 3
* * D C B A